Global Tourist Attraction & Culture

세계관광과 문화

최근 포털사이트나 여행사 홈페이지, SNS 등 다양한 채널을 통해 해당 관광지에 대한 정보를 검색하는 일이 용이해졌다. 그러나 이러한 여행정보의 홍수 속에서 여행자들이 필요로 하는 정확한 정보만을 선별하는 것은 여전히 쉽지 않다. 비전문가인 소비자들의 정보판단력에는 한계가 있기 때문이다. 넘쳐나는 여행정보의 홍수 속에서 자신에게 필요한 정보만을 선별하는 일이 쉽지 않기 때문에 여행업 또는 여행전문가들의 역할이 존재한다. 이와 같은 환경에서 미래의 여행전문인이 될 관광학도들은 무엇을 준비하고 학습해야 할 것인가?

여행사에서 판매하고 있는 여행상품에 대한 학습과 이해가 이루어져야 할 것이다. 여행상품을 구성하고 있는 핵심 요인은 국가, 지역, 관광지, 문화 등으로 요약되어 질 수 있다. 이를 통칭 관광자원이라 한다. 관광자원에 대한 정의를 "소비자의 관광욕구를 충족시켜줄 수 있는 유·무형의 제 자원"이라는 기준으로 보면 그 범위와 내용은 매우 포괄적이다. 그렇다면 여행업계에 신입사원으로 취업하게 될 관광학도들에게 요구되는 지식은 무엇일까?

그 지식 중 하나는 여행상품을 구성하고 있는 대표적인 지역에 대한 관련 정보 습득일 것이다. 여행상품의 기초와 토대가 되는 대표적인 국가들에 대한 지역정보, 관광지 정보와 아울러 그 지역을 대표하는 문화특성에 대한 이해와 정보습득이 필요하다. 이를 토대로 여행상품이 개발되어 판매 및 운영되고 있기 때문이다.

그러한 관점에서 본서는 구성에 있어서 여행업계의 시장 환경을 고려하였다. 여행업계에서 유통되는 대표적인 여행상품들을 대륙별, 국가별, 지역별로 선별하였으며, 그 상품들에 대한 여행일정표를 분석하였다. 그리고 그 상품들에 공통적으로 포함되는 도시와 관광지에 대한 정보를 정보 취득자 관점에서 체계적으로 구성하고자 노력하였다. 이와 같은 정보습득을 통하여 관광학도들은 예비 여행전문가로서의 지식기반을 확보할 수 있을 것으로 판단된다. 이와 함께 본서는 학습서로서의 완성도를 높이기 위하여 다음과 같은 노력을 기울였다.

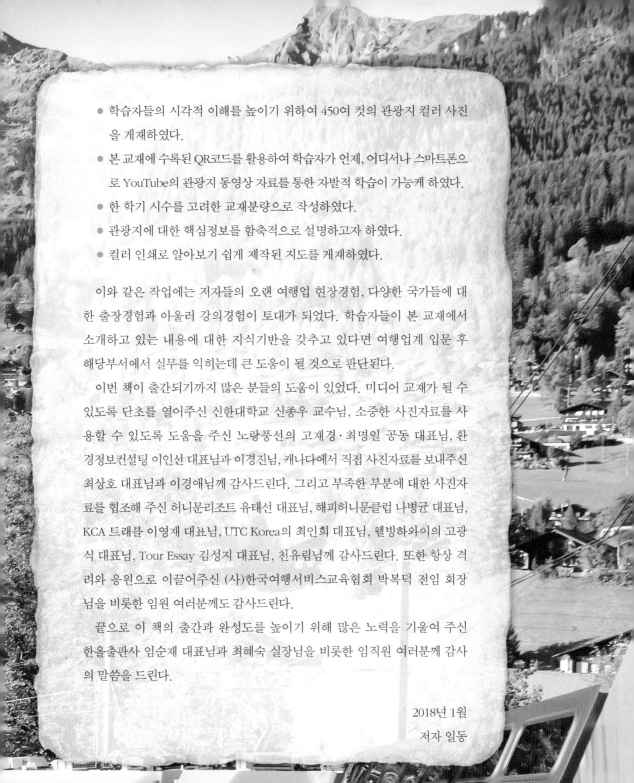

- 학습자들의 시각적 이해를 높이기 위하여 450여 컷의 관광지 컬러 사진을 게재하였다.
- 본 교재에 수록된 QR코드를 활용하여 학습자가 언제, 어디서나 스마트폰으로 YouTube의 관광지 동영상 자료를 통한 자발적 학습이 가능케 하였다.
- 한 학기 시수를 고려한 교재분량으로 작성하였다.
- 관광지에 대한 핵심정보를 함축적으로 설명하고자 하였다.
- 컬러 인쇄로 알아보기 쉽게 제작된 지도를 게재하였다.

이와 같은 작업에는 저자들의 오랜 여행업 현장경험, 다양한 국가들에 대한 출장경험과 아울러 강의경험이 토대가 되었다. 학습자들이 본 교재에서 소개하고 있는 내용에 대한 지식기반을 갖추고 있다면 여행업계 입문 후 해당부서에서 실무를 익히는데 큰 도움이 될 것으로 판단된다.

이번 책이 출간되기까지 많은 분들의 도움이 있었다. 미디어 교재가 될 수 있도록 단초를 열어주신 신한대학교 신종우 교수님, 소중한 사진자료를 사용할 수 있도록 도움을 주신 노랑풍선의 고재경·최명일 공동 대표님, 환경정보컨설팅 이인선 대표님과 이경진님, 캐나다에서 직접 사진자료를 보내주신 최상호 대표님과 이경애님께 감사드린다. 그리고 부족한 부분에 대한 사진자료를 협조해 주신 허니문리조트 유태선 대표님, 해피허니문클럽 나병균 대표님, KCA 트래블 이영재 대표님, UTC Korea의 최인희 대표님, 웰빙하와이의 고광식 대표님, Tour Essay 김성지 대표님, 천유림님께 감사드린다. 또한 항상 격려와 응원으로 이끌어주신 (사)한국여행서비스교육협회 박복덕 전임 회장님을 비롯한 임원 여러분께도 감사드린다.

끝으로 이 책의 출간과 완성도를 높이기 위해 많은 노력을 기울여 주신 한올출판사 임순재 대표님과 최혜숙 실장님을 비롯한 임직원 여러분께 감사의 말씀을 드린다.

2018년 1월
저자 일동

CONTENTS

Chapter 1

동북아시아

Chapter **2**

동남아시아

CONTENTS

CONTENTS

Chapter **3**

서유럽

Chapter **4**

동유럽

CONTENTS

Chapter **5**

북아메리카

02   캐나다

01   미국

Chapter **6**

오세아니아

01 호주   **02** 뉴질랜드

Chapter 1

동북아시아

01

중국

러시아

카자흐스탄

몽골

연길

북경

북한

동해

중국
(China)

황해

한국

서안

소주 상해

장가계

황산 항주

네팔

부탄

계림

타이완

인도

방글라데시

미얀마

라오스

타이

베트남

인도양

남중국해

1 국가 개요

1) 개요

정식국명	중화 인민 공화국(The People's Republic of China)
수 도	북경(베이징)
언 어	중국어
민 족	한족 및 55개의 소수민족
정치체제	사회주의
1인 GDP	$8,481 / 세계 74위(2017년 / IMF 기준)
빅맥지수	$2.92
위 치	아시아 동부
면 적	9,596,960km² / 세계 4위(CIA 기준)
기 후	습윤, 아열대, 건조기후
인 구	약 1,379,302,771명 / 세계 1위(2017년 / CIA 기준)
종 교	도교, 불교, 이슬람교, 기독교
통화·환율	위안(CNY), 1위안 = 171원(2017년 10월 기준)
시 차	GMT + 8
비행시간	인천 → 북경(약 2시간 5분), 인천 → 광저우(약 3시간 30분)

2) 지리적 특성

국토는 남북으로 5,500km, 동서로 5,200km에 달한다. 남북 총 면적의 약 2/3가 고원이나 산악으로 구성되어 있으며, 약 1/4이 해발고도 3,000m 이상에 위치하고 있다. 북쪽으로는 몽골과 러시아, 북동쪽으로는 한국과 러시아가 위치해 있으며, 동쪽으로는 한국과 동중국해, 서쪽으로는 카자흐스탄과 키르기스스탄, 남서쪽으로는 인도와 네팔, 남쪽으로는 미얀마와 라오스 및 베트남과 국경을 이루고 있다. 국경선의 총 길이는 약 20,280km에 달한다.

3) 기 후

국토의 면적이 넓으므로 지역에 따라서 기후 차이가 나타난다. 동북지역은 냉대기후를 나타내고 있으며, 서부지역은 건조기후, 하이난 섬을 비롯한 남부지역은 열대기후를 나타내고 있다. 베이징은 대륙성 기후로서 대체로 겨울에는 한랭건조하며, 여름에는 고온다우하다.

베이징

월별 요소	1월	2월	3월	4월	5월	6월	7월	8월	9월	10월	11월	12월
최저기온 (℃)	-9.4	-6.9	-0.6	7.2	13.2	18.2	21.6	20.4	14.2	7.3	-0.4	-6.9
최고기온 (℃)	1.6	4	11.3	19.9	26.4	30.3	30.8	29.5	25.8	19	10.1	3.3
강수량 (mm)	3	6	9	26	29	71	176	182	49	19	6	2

4) 문 화

음 식

중국은 긴 역사와 함께 국토 또한 매우 넓어서 지역별로 다양한 요리가 발달되어 있다. 중국을 대표하는 유명 요리로는 지역을 기반으로 북경요리^(북쪽), 상해요리^(동쪽), 광동요리^(남쪽), 사천요리^(서쪽)로 구분된다. 대체적으로 북쪽요리는 맛이 짠 편이고, 동쪽요리는 새콤달콤하며, 남쪽요리는 담백한 편이고, 서쪽요리는 매운 특징이 있다.

중국요리

북경요리　수도인 북경을 중심으로 남쪽으로 산동성 지역의 요리를 포함한다. 지리적으로 역사와 문화의 중심지이기 때문에 궁중요리 등 고급요리가 발달했다. 또한 내륙지역이기 때문에 해
산물보다는 면 종류나 만두요리와 함께 육류요리
중심으로 발달되어 있다. 지리적으로 한랭한 기후
의 추위를 견디기 위해 기름기를 많이 사용한 고칼
로리 음식이 발달되어 있으며 강한 화력을 이용한
튀김과 볶음요리가 특징이다. 대표적인 음식으로
북경오리구이, 쇠고기 숙주볶음, 케첩 대하, 해삼조
림 등이 있다.

🍜 상해요리　중국 중부지역의 대표적인 요리이며, 상
해, 남경, 소주 지역의 요리를 포함한다. 해안과 가
까운 지리적 특성으로 인하여 해산물을 재료로 활
용한 것이 많다. 주로 간장이나 설탕으로 맛을 내
기 때문에 단맛이 강한 편이다. 대표적인 음식으로
새우와 게 등의 해산물 요리, 삼선 볶음국수, 사자
두, 진주완자, 생선찜 등이 있다.

　🍴 사자두 : 돼지고기를 다져서 만든 고기완자로 모양이 사자
　　　머리를 닮았다하여 붙여진 이름.

🍜 광동요리　광동지방의 중심인 광저우(광주)를 중
심으로 발달했으며 중국요리 중에서 세계적으로
가장 인기가 좋은 편이다. 16세기 이후 외국 선교
사와 상인들의 왕래가 많았기 때문에 전통요리에
서양요리 기법이 결합되어 독특한 특성이 있다. 중국에서 식문화가 가
장 발달한 지역으로 재료가 매우 다양하며 향신료 등의 조미료를 많이
사용하지만 담백한 맛이 특징이다. 대표적인 음식으로 탕수육, 팔보채,
상어지느러미, 비둘기, 광동집오리, 닭살 모듬볶음, 새우 속 찐만두, 돼
지갈비 케첩조림, 레몬 닭고기 조림, 동강두부 등이 있다.

　🍴 동강두부 : 광동성 동강지역의 중국식 두부조림 요리

🍜 **사천요리** 중국 서부 내륙지역인 쓰촨(사천)과 윈난(운남) 등 산악지역의 요리로 기름지지 않으며, 그 지역의 더운 여름과 추운 겨울날씨 특성을 반영하듯이 자극적이고 매운 맛이 특징이다. 조리방법으로는 살짝 볶거나 부치고 맛술로 맛을 내고 그 국물이 없어질 때까지 약한 불로 조리하는 것이 특징이다. 고춧가루, 후추가루, 생강 등 향신료를 사용해 고온에 익히고 맵고 강한 맛을 내어 한국인이 가장 선호하는 경향이 있다. 대표적인 음식으로 두부와 돼지고기 요리, 삼겹살 야채볶음, 삼선 누룽지탕, 닭고기 조림, 마파두부 등이 있다.

🍜 중국의 술은 그 종류가 다양하며 높은 알코올 도수를 자랑한다. 중국의 유명한 술은 마오타이, 분주, 오량액, 죽엽청, 동주, 노주특곡, 고정공주, 양하대곡 등이 있으며 맥주는 칭다오, 하얼빈, 연경 등이 있다.

🎴 축 제

🏯 하얼빈 빙설제

1963년부터 시작된 축제로 하얼빈 빙설제, 하얼빈 빙등제라고 한다. 매년 1월 5일에서 2월 5일 사이에 개최되며 전 세계의 유명한 조각가들이 모여 다양한 예술작품과 유명한 건축물 및 미술품 등을 얼음으로 만들어 전시한다. 야간에는 얼음으로 조각한 작품에 오색찬란한 조명을 비추어 그 아름다움이 배가 된다. 축제 시기에는 중국인뿐만 아니라 전 세계의 많은 관광객들이 몰려들어 축제를 즐긴다.

🏯 춘 절

매년 음력 정월 초하루로 중국 최대의 명절이며 우리나라의 설날과 같다. 이 시기에는 민족 대이동이라고 할 만큼 많은 중국인들이 고향으로 돌아가기 위해 도로에 많은 차들로 가득해진다. 가족, 친지들이 모여 조상님께 제를 올리고, 음식을 서로 나눠 먹는다. 또한 폭죽을 터트리는가 하면 용춤, 사자춤 등을 추며 풍년을 기원하고 질병과 악귀를 쫓아내는 행사를 한다.

5) 여행 정보

🇨🇳 화폐

중국에서 현재 사용되는 화폐는 위안^(CNY)이라고
하며, 100위안, 50위안, 20위안, 10위안, 5위안, 1
위안이 지폐로 사용되고 있다. 동전으로는 1위안
이 동전과 지폐로 동시에 사용되고 있으며, 5자오
1자오의 동전이 있다.

🇨🇳 전압 및 콘센트

중국의 전압은 220V, 50Hz이다. 콘센트 모양은 여러 가지이며, 우리나라
전자제품을 그대로 사용 가능하지만 중국으로의 여행 시 멀티어댑터를 가져
가는 것이 좋다.

2 관광지 정보

📖 대표 여행상품

상품명	여행지역
북경 4일	자금성, 천단공원, 이화원, 만리장성, 명13릉, 용경협 등
상해, 항주, 소주 4일	와이탄, 동방명주타워, 예원, 서호, 영은사, 졸정원 등
백두산 4일	백두산 서파코스 & 북파코스, 장백폭포, 소천지, 용정중 등
계림 5일	첩채산, 이강유람, 관암동굴, 상비산 등
황산 4일	황산 풍경구, 구화산, 황령, 휘주박물관 등
서안 4일	섬서역사박물관, 진시황릉, 병마용갱, 지하궁전 등
장가계 5일	천문산, 천자산, 원가계, 백룡엘리베이터, 금편계곡 등

📖 **북경 4일 일정** 🚗

날짜	지역	교통편	세부 일정
제1일	인 천	항 공	인천(김포) 출발 북경 도착
	북 경	전용버스	자금성, 천안문광장, 왕부정 거리 등 관광
제2일	북 경	전용버스	명13릉, 만리장성, 이화원 등 관광
제3일	북 경	전용버스	789예술거리, 천단공원, 더 플레이스 등 관광
제4일	북 경 인 천	항 공	북경 출발 인천(김포) 도착

1) 북경(北京, 베이징)

'북쪽의 수도'라는 뜻을 가지고 있는 중화인민공화국의 수도이다. 허베이성 (河北省)으로 둘러싸여 있으며, 동쪽으로는 톈진(天津) 시와 경계를 접하고 있다. 면적은 16,808km²이며, 인구는 약 2,200만 명이다. 정치 · 행정 · 문화의 중심지이며, 자금성, 천안문광장, 천단공원, 명13릉을 비롯하여 인근에 만리장성, 이화원 등의 유명 관광지가 위치해 있다.

① 자금성(紫禁城)

명나라와 청나라 시대의 황궁으로 지금은 '고궁박물관'으로 불리운다. 동서로 760m, 남북으로 960m의 넓이에 총 면적은 약 72만m², 800채의 건물과 총 9,999개(실제로는 8,886개)의 방이 있는 세계에서 가장 큰 궁전이다.

자금성의 주위에는 방어목적으로 만들어진 해자(護城河, 호성강)로 둘러싸여 있다. 해자의 너비는 52m이며, 깊이는 6m에 이른다. 해자에는 동서남북으로 해자를 가로지르는 4개의 다리가 있다. 또한 궁궐 주위는 약 10m 높이의 담으로 둘러싸여 있으며, 장벽의 길이는 4km에 이르고 4개의 큰 출입구가 뚫려 있다.

자금성

명나라 제3대 황제였던 영락제가 1406년에 수도를 남쪽 난징(南京)에서 이곳 베이징으로 옮기면서 궁궐을 짓게 했는데, 약 100만 명의 사람들이 동원되어 14년에 걸쳐 건설되었다. 자금성에서는 560년이라는 긴 세월 동안 15명의 명나라 황제와 9명의 청나라 황제가 일생을 보냈다. 거대한 역사 박물관이라고 할 만큼 이곳에는 105만점의 희귀하고 진귀한 역사적 문물이 전시·소장되어 있다. 황제가 사용했던 책상과 의자, 수많은 보석, 서예와 미술품, 공예품 등 그 시대를 엿볼 수 있는 화려한 역사 유물들이 가득하다.

자금성은 직사각형으로 이루어져 있으며, 기능에 따라 외조와 내정으로 나뉘어 있다. 외조는 황제가 공식 업무를 수행하던 곳이고, 내정은 사적으로 사용되던 공간이다. 외조는 황제의 공식 집무실인 태화전과 방문객 또는 신하들을 맞던 중화전, 황제의 도서관이자 연회장으로 사용되었던 보화전으로 구성된다. 자금성의 대표적인 태화전은 황제의 즉위식, 국가의 칙령발표, 외국 사신 접대, 군대가 전쟁에 나갈 때 등 국가의 중요 행사장으로 이용되었다.

자금성은 1987년 '명·청 시대의 궁궐'이라는 이름으로 유네스코 세계 문화유산으로 등록되었다.

천안문 및 광장

❷ 천안문 ^(天安門)과 천안문광장

천안문은 자금성의 내성 남문으로 이 성을 건설한 명나라의 영락제 시대에는 '승천문'이었으며, 청나라 때인 1651년에 재건하면서 '하늘의 평안한 문'이라는 뜻인 현재의 '천안문'으로 이름이 바뀌었다. 약 33m 높이의 이 문은 명·청 시대에 큰 법률이나 명령을 공표할 때나 군대 파견을 위한 행사를 위해 이용되기도 했으며, 현재에는 국가 주석이 인민해방군의 열병식을 사열하는 장소이기도 하다. 1949년 마오쩌둥 ^(毛澤東)이 중화인민공화국 건국을 선포한 장소이기도 하며, 가운데에는 마오쩌둥의 초상화가 걸려 있다.

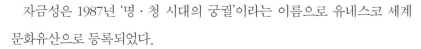

자금성 관광을 마친 관광객들이 천안문을 통해 나오게 되면 도로 건너편으로 넓은 광장이 펼쳐지는데, 이곳이 천안문광장이다. 베이징의 중앙에 위치해 있으며, 남북 길이 880m, 동서 폭이 500m로 약 100만 명이 동시에 모일 수 있는 장소이다. 광장의 양 측면에는 중국인민대회의장, 혁명기념관 등 국가 기관들이 자리하고 있으며, 세계 최대 규모의 시내 광장이다.

③ 천단(天壇)

명·청 시대 황제들이 해마다 풍년을 기원하는 제사를 지내던 곳으로 자금성의 동남쪽에 위치해 있다. 당시, 중국의 황제는 하늘이 만물을 주재하며, 자신은 하늘의 아들로서 하늘의 명을 받들어 인간을 다스린다고 생각하였다. 천단의 동서남북으로는 문이 설치되어 있는데, 북쪽은 원형, 남쪽은 사각형으로 되어 있다. 이것은 하늘은 둥글고 땅은 사각형이라는 고대 사상을 상징하는 것이다. 이곳 천단은 황제가 제사를 올렸던 중심 제단인 원구단과 기년전, 황궁우, 회음벽 등으로 이루어져 있다.

원구단은 사방이 탁 트인 곳에 마련된 둥근 모양의 제단이며, 기년전은 3층 원형 기단과 지붕으로 구성된 건축물이다. 지붕은 남색 기와로 장식되어 있는데, 그 모습이 마치 금도금을 한 모자를 씌운 듯하다. 기년전은 못을 전혀 사용하지 않고 오직 나무만으로 완성한 건물로 중국의 건축미를 자랑하고 있다. 황궁우는 짙은 남색 기와를 얹은 단층전으로 역대 황제의 위패가 모셔져 있는 곳이다. 1998년 유네스코 세계문화유산으로 등재되었다.

천단공원

④ 이화원(頤和園)

베이징에서 북서쪽으로 약 10km 떨어진 교외에 위치한 중국 최대 규모의 황실 정원이다. 총 면적이 2.9km²에 이르는 광대한 면적의 공원으로 중국

이화원

전통 전각과 누각, 호수, 다리, 탑 등이 아름다운 자연풍광과 함께 어우러져 있다. 금나라 때인 12세기 초에 처음 조성되었으며, 1860년대 제2차 아편전쟁 당시 파괴되었다가 1886년 당시 청나라의 실권을 쥐고 있던 서태후에 의해 재건되어 현재의 이화원이라는 이름으로 불리고 있다.

이화원에는 약 15년에 걸쳐 완성된 거대한 인공호수인 곤명호^(昆明湖)와 여기에서 파낸 흙과 돌로 쌓은 60m 높이의 인공산인 만수산을 중심으로 각종 전각과 사원, 회랑 등 3,000여 칸의 전통 건축물이 자리 잡고 있다. 길이가 728m에 달하는 긴 복도형태의 건축물인 창랑^(長廊)은 비나 눈이 내릴 경우에도 산책을 즐길 수 있도록 설계되어 있다. 또한 산 정상에 위치한 불당에서는 이화원 총면적의 3/4을 차지하는 거대한 인공호수인 곤명호를 비롯한 이화원 전체를 전망할 수 있다. 곤명호에 떠 있는 듯한 돌배와 여러 개의 돌다리, 아름답게 조각된 수많은 석상들도 주요 볼거리이다. 1998년 유네스코 세계문화유산으로 지정되었다.

❺ **만리장성**^(萬里長城)

북경 만리장성

진시황이 중국을 통일한 후 흉노족 등 북방민족의 침입을 막기 위해 기존의 성곽을 잇고, 부족한 부분은 새롭게 축조하기 시작하여 역대 왕조들에 의해

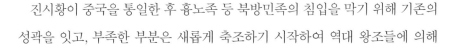

세워진 거대한 방어용 성벽이다. 명나라 시대에 이르기까지 중국의 역대 왕조에 의해 지속적으로 신축 및 개·보수되어 현재까지 남아 있는 중국을 상징하는 대표적 유적이다. 연장 길이는 2,700km이며, 중간에 갈라져 나온 지선들까지 합치면 총 길이가 약 5,000~6,000km에 이른다. 줄여서 장성이라고 불리우며, 현재 남아 있는 장성의 유적은 허베이성^(河北省) 산해관에서부터 간쑤성^(甘肅省) 가욕관에 이른다.

처음 건축될 무렵의 길이는 약 1,500km이었는데, 이후 명나라 때 총 길이 2,700km에 이르는 현재의 규모와 모습을 갖추게 되었다. 명나라는 15~16세기에 당시 북방에 있던 몽골의 침입에 대비하기 위해서 만리장성에 대한 대대적인 개보수 작업을 진행하였다. 이후 북방민족인 만주족이 세운 청 왕조에서는 군사적 가치가 없어 방치되어 있다가 중화인민공화국 때 관광 목적으로 보수되어 지금에 이르고 있다. 만리장성은 군사적인 역할 이외에도 문화적으로는 중국 북부 유목문화와 그 이남의 농경문화, 중원과 변방을 가르는 경계선의 역할을 하는 거대한 장벽이다. 1987년 유네스코 세계문화유산으로 등재되었다.

❻ 명13릉^(明十三陵)

베이징에서 북서쪽으로 약 40km 지점에 있는 창평구 천수산 아래에 조성된 명나라 13명의 황제와 23명의 황후 능묘군이다. 40km²의 면적에 1409년 건축된 사후세계 왕궁이다. 영락제의 장릉을 중심으로 이를 둘러싸듯이 13개의 능이 있으며, 현재 개방된 것은 장릉, 소릉, 정릉이다. 각 능은 면적과 건축 세부형상이 다르지만 건축구조와 규격은 비슷하다. 지하 궁전으로 불리고 있으며, 금, 은 제품과 용포 등 많은 문물이 출토되었다. 규모가 가장 큰 능은 3대 영락제의 능묘인 장릉이다. 2003년 유네스코 세계문화유산으로 등재되었다.

⑦ 용경협(龍慶峽)

베이징에서 북동쪽으로 약 85km 정도 떨어져 있는 곳의 협곡을 막아 70m 높이의 댐을 건설하면서 생긴 인공호수 지대이다. 계곡의 모양이 마치 '용'과 같다 하여 '용경협'이라는 이름이 붙여졌다. 전체 면적은 119km²이며, 총 길이는 21km이다. 수려한 산세와 댐이 어우러지는 자연풍경을 즐길 수 있는 베이징 인근의 명소 가운데 하나로 자리 잡고 있다.

관광객들을 위한 에스컬레이터, 케이블카 등의 편의시설과 함께 번지점프대 등의 위락시설도 설치되어 있다. 또한 7km를 운행하는 유람선을 타고 강의 상류까지 주위 절경을 감상하면서 올라갔다가 다시 하류로 내려오는 데에는 약 8시간이 소요된다. 협곡의 좌우로는 기기묘묘한

봉우리들이 잇따라 펼쳐지며 아름답고 웅장한 장관을 연출한다. 중국 남방 산수의 수려함과 북방 산수의 웅장함을 동시에 갖춘 지역으로 통한다. 해마다 겨울에는 영하 20℃까지 온도가 떨어지며, 얼음 축제인 빙등예술절이 열린다.

❽ 기타 볼거리

🏛 왕부정 거리

베이징의 명동이라 불리는 시내 최고의 번화한 거리이다. 유서 깊은 백화점과 잡화점, 전문 상점들이 위치해 있으며, 노점상들이 불야성을 이루고 있어서 먹거리도 풍부하다.

🏛 798 예술거리

베이징에 위치한 현대 미술의 집결지이다. 원래 이곳은 베이징 주변의 공장지대였으나 가난한 예술가들이 모여들면서 예술작업 및 전시거리로 변모하였다.

🏛 더 플레이스

LED 전광판의 예술적인 스카이비전과 유럽풍의 복합 쇼핑몰이 어우러진 장소이다. 250m 길이의 천장형 초대형 스크린 양옆으로 길게 뻗어 있는 쇼핑거리이다.

📖 **상해, 항주, 소주 4일 일정** 🚗

날짜	지역	교통편	세부 일정
제1일	인천 상해	항공 전용버스	인천(김포) 출발 상해 도착 대한민국 임시정부청사, 윤봉길의사 기념당, 와이탄, 황포강, 동방명주타워, 예원 등 관광
제2일	상해 항주	전용버스	항주로 이동 서호 유람, 영은사, 육화탑, 청하방 옛거리 등 관광
제3일	항주 소주	전용버스	소주로 이동 졸정원, 한산사, 호구탑 등 관광
제4일	소주 상해 인천	전용버스 항공	상해로 이동 상해 출발 인천(김포) 도착

2) 상해(上海, 상하이)

중국 동부 해안의 양쯔강 하구에 위치한 직할시이며, 중국 최대의 상업도시이다. 중국의 대외개방 창구이며, 국제화와 현대화가 이루어진 대도시이자 주요 수출입 국경 출입구이다. 또한 중국의 문화, 상업, 통신, 공업, 금융의 중심지로서 현대 중국 경제의 발전을 상징하는 도시이다.

본래 양쯔강 하구의 어촌에 불과하였으나 아편전쟁 이후 영국에 의해 개항되면서 국제적인 항구도시로 변모하게 되었다. 이후 중국의 현대화와 아울러 1992년부터 재개발되기 시작하여 현재는 뉴욕, 런던과 함께 세계의 3대 금융 중심지로 발전하였다.

❶ 대한민국 임시정부청사

일제 강점기의 3·1운동 직후 일제의 탄압을 피해 조직적 항거를 목적으로 상하이로 건너간 독립투사들이 활동했던 정부청사이다. 1919년에 조국의 광

대한민국임시정부청사

복을 염원하며 상하이 임시정부가 출범하였으며, 1926년에 독립투사들의 애환과 애국정신이 서린 이곳으로 옮겨와 윤봉길 의사의 의거가 있었던 1932년까지 대한민국 임시정부청사로 사용되었다.

현재 상하이 도심의 좁은 도로가에 위치한 3층짜리 빨간 벽돌 건물의 형태를 하고 있다. 한때 주권을 상실했던 조국의 비애를 느낄 수 있는 생생한 역사 학습의 현장이다. 상하이 대한민국 임시정부청사는 중국 내 남아 있는 가장 대표적인 청사이자 중요한 역사성을 간직한 곳이다. 이승만, 박은식, 이동녕 등이 사용했던 집무실, 전시관, 그 당시 사용된 가구, 서적, 사진 등도 볼 수 있다.

Global Tour

윤봉길의사 기념당

❷ 윤봉길의사 기념당

일제 시대였던 1932년, 일본군 기념 행사장에 도시락 폭탄을 투척했던 윤봉길 의사의 항거 현장으로 뜻 깊은 곳이다. 예전에는 '홍구공원(紅口公園)'으로 불리었다. 그러나 현재에는 중국의 문학가이자 사상가였던 노신의 이름을 따서 '노신공원(魯

魯迅公園'이라 불린다. 이 공원에는 윤봉길 의사를 기념하는 한국 건축양식의 정자가 세워져 있으며, 그 내부에는 윤봉길 의사의 일대기를 알 수 있는 자료가 전시되어 있다. 대한민

국 임시정부청사와 함께 한국인들은 꼭 가보아야 할 역사교육의 현장이다.

❸ 외탄(外灘)

황포강을 끼고 강 서쪽에 자리 잡고 있는 지역으로, 1.5km에 걸쳐 상하이의 주요 건축물들이 밀집해 있다. 150여 년 전에 세워진 다양한 유럽식 건축물과 1990년대부터 지어진 화려하고 현대적인 고층 빌딩들이 함께 어우러져 상하이의 과거와 현재를 함께 느낄 수 있는 곳이다. 넓은 제방을 따라 많은 관광객들이 황포강의 경관을 즐기기 위해 붐빈다. 황포강 건너 푸동지구에는 모래사장과 같던 곳이 높은 빌딩숲을 이루게 되었다. 와이탄의 황포강변에서는 맞은편 푸동지구에 있는 동방명주타워, 금무대하, 국제회의센터 등을 볼 수 있다. 또한 이곳에서 황포강 유람선 탑승이 가능하며, 야경을 전망하기에 가장 좋은 장소이다.

와이탄

❹ 황포강(黃浦江) 유람

양쯔강은 장쑤성(江蘇省) 타이호에서 발원하여 전체 113km를 흘러가는데, 황포강은 바로 이 양쯔강 하류의 지류이다. 황포강은 상하이의 주요한 수원이기도 하며, 양쯔강을 통해 바다로 흘러들어가는 최후의 지류이다. 청나라 말엽 상하이 개항으로 대형 기선의 항행이 가능해져 공업지대를 연결하는 동맥으로서 중요한 위치를 차지하고 있으며, 상하이 10대 관광 명소 중의 하나이다.

와이탄의 선착장에서 왕복 운행하는 유람선에 승선하면 한편으로는 와이탄 지역, 맞은편으로는 상하이 발전의 상징이며 푸동지구의 랜드마크인 동방명주타워와 금무대하 등을 비롯한 황포강의 양쪽 경치를 구경할 수 있다. 특히 동방명주타워와 함께 어우러지는 황포강 주변의 저녁 야경이 아름답다.

유람 중에 보이는 남포대교는 총 길이가 8,300m이며, 각 교각에 엘리베이터가 설치되어 있어 꼭대기에 올라 주변경관을 전망할 수 있다.

❺ 동방명주(東方明珠)타워

상하이를 상징하는 랜드마크로서 황포강변의 푸동지구에 위치한 높이 468m의 방송관제탑으로 1994년 완공되었다. 높은 기둥을 중심축으로 큰 구슬 3개를 꿰어 놓은 듯한 독특한 외형이 인상적이다. 11개의 크고 작은 구(球)로 이루어져 작은 진주가 옥쟁반인 황포강에 떨어지는 이미지를 나타내고 있다.

동방명주타워의 93m, 263m, 350m 지점에 각각 전망대가 있다. 전망대는 주변의 초고층 건물들이 이루는 화려한 스카이라인과 황포강을 바삐 오가는 선박 등 상하이 시내를 한눈에 전망할 수 있는 명소이다. 회전 레스토랑에서는 와이탄과 푸동의 경치를 감상하며 근사한 저녁 식사를 즐기기에 좋다. 동방명주타워는 상하이의 야경을 더욱 특별하고 아름답게 장식하는 아이콘이며, 상하이 여행을 하는 사람이라면 누구나 한 번쯤 찾게 되는 명소이다. 관광객들은 와이탄의 강변 산책로 또는 황포강 유람선을 타고 동방명주타워의 야경을 감상할 수도 있다.

❻ 예원(豫園)

예원

40여 개의 정자와 연못, 누각 등을 둘러볼 수 있는 명·청시대 양식의 중국식 정원이다. 당시 중국의 정원 설계 분야에서 유명했던 설계자의 작품으로 중국 정원 중에서도 가장 섬세하고 아름답다고 평가받고 있다. 16세기 중엽, 명나라의 고위 관료이자 당대 최고 부자였던 반윤단이 부모의 노후를 위해 조성한 저택으로 1559년에 착공해 18년 만에 완성했다고 한다.

정원 안은 예스러운 정취가 물씬 풍긴다. 예원을 대표할 만한 것은 호심정(湖心亭)으로 이곳을 연결하는 구곡교와 함께 가장 인상적이다. 주변 지역의 '예원상장'에는 명·청대의 고풍스러운 건물들과 상점 1,000여 개가 밀집되어 있다. 이곳에는 차와 식사 등 중국 전통문화를 체험하거나 장신구, 골동품 등을 쇼핑하려는 관광객들로 붐빈다.

❼ 기타 볼거리

🏯 타이캉루 예술거리

상하이 예술가들의 공간으로 중국의 젊은 예술가들이 작업을 하고 판매도 하는 공간이다. 갤러리나 공예점, 카페 등이 많아 각국의 관광객들이 찾는 곳으로 이국적인 분위기를 함께 느낄 수 있다.

🏯 남경로

상하이에서 가장 화려하고 번화한 상업지구이며, 우리나라의 명동과 비슷하다. 총 길이만 5km가 넘고 항상 많은 사람들로 붐비며, 눈부시게 발전하는 중국을 느낄 수 있는 곳이다.

🏯 중화예술궁

중국에서 가장 많은 전시실을 구비한 중국 현대미술을 대표하는 미술관이다. 2010년 상하이 월드엑스포의 중국관을 개조하여 중국 최대 규모인 총 27개 전시실로 만들었으며, 중국 근·현대 작가들의 작품을 전시하고 있다.

🏯 상하이 옛거리

옛 상하이의 정취를 느낄 수 있는 거리이다. 중국의 전통적인 골동품부터 찻집, 식욕을 자극하는 먹거리까지 한눈에 중국의 전통적인 모습을 볼 수 있다.

🏛 신천지

유럽풍의 카페와 BAR가
즐비한 곳이다. 상하이의 건
축양식과 가옥이 만나 독특
한 분위기를 풍기고 있으며,
상하이에서 유럽을 느낄 수
있는 곳이다. 길을 따라 늘어
선 상점과 카페 등에서 자유
로운 시간을 보낼 수 있다.

3) 항주(杭州. 항저우)

상하이로부터 남서쪽으로 60km 지점에 위치해 있으며, 저장성(浙江省)의 성도
이기도 하다. 전당강(錢塘江. 첸탕강) 델타 지역에 자리를 잡고 있어서 풍광이 뛰어
나다. 3개 철도의 교차점으로 도로망도 발달한 교통의 요충지이고, 방직·마
직·시멘트·철강·기계·제지공업이 발달해 있다. 항저우의 기후는 따뜻한
아열대성 기후에 가까우며, 연평균 16.2℃로 살기에 좋은 편이다. 따뜻한 기후
와 많은 강수량으로 항저우의 용정차를 비롯한 녹차의 재배지로도 유명하다.

항주

❶ 서호(西湖)

서호(西湖)는 항저우(杭州) 시의 서쪽에 위치하고 있다 하여 붙여진 이름으로
중국의 명승구와 세계적인 명성을 가진 담수호이다. 중국에는 서호(西湖)라는
이름을 가진 호수가 800여 개가 될 정도로 많은데, 그중 가장 유명한 호수이
다. 3면이 산으로 둘러싸여 있고, 호수에 소영주, 호심정 및 완공돈 등 3개의
섬이 떠 있다.

수면 면적은 약 5.66km²이고, 호수 가운데 섬을 포함하면 6.38km²에 달한

다. 서호는 중국 고대 4대 미인 중 한명인 서시(西施)의 이름을 따서 시쯔호(西子湖)라고도 불리며, 북송 시인 소동파(苏东坡)가 칠언절구로 서호(西湖)와 서시(西施)에 대한 유명한 시를 남기기도 하였다. 서호 인근에는 국가급, 성급 및 지급 문화재 60여 개소와 100여 개소의 풍경명승지가 있다.

❷ 영은사(靈隱寺)

항저우 시의 서호 북서쪽 영은산 기슭에 위치한 중국 초기 불교 사찰이다. 사찰의 이름은 글자 그대로 영혼이 쉬어가는 절이라는 뜻이며, 중국에서 가장 크고 부유한 사찰로 손꼽는다. 사찰은 동진 때인 서기 328년 인도의 승려 혜리에 의해 지어졌다.

처음에는 작은 수도원이었는데, 이후 한때는 3천 명의 승려가 거주하였다고 한다. 비래봉 동굴 및 주위 산에는 많은 불교 조각품들이 있는데, 대부분이 시대에 만들어진 것이다. 현재의 건물은 청나라 말기에 복구된 것으로 문화혁명 때도 사원의 일부가 소실되었다. 운림선사라고도 불리며, 중국 10대 고찰의 하나로 역사가 유구하고 주변에 이어진 산봉우리, 시냇물, 초록이 무성한 수목과 명승고적 등 경관이 아름다워 많은 관광객들이 찾고 있다.

❸ 육화탑(六和塔)

항저우(杭州)를 휘돌아 흐르는
전당강이 내려다 보이는 월륜산
에 세워져 있다. 이 탑은 970년
북송 태조 때 전당강의 역류 방
지를 기원하며 세운 탑이다. 전
당강은 나팔처럼 생겼는데, 항
주만으로 흘러드는 하구 근처에
는 강의 너비가 100km에 달하
지만 상류로 거슬러 올라가면서
급격히 좁아져서 육화탑 부근에
서는 2km 남짓으로 좁아진다.
게다가 만조 시에는 대 역류 현

상이 일어났다. 이러한 지형적 특성 때문에 해마다 음력 8월 18일 전후가 되
면 바닷물이 역류하여 홍수가 나곤 했다. 이러한 역류 현상은 '육화'라고 부르
는 소년에 의해 홍수를 막았다고 하는 '육화의 전설'을 낳았다.

현존하는 육화탑은 외형은 13층이지만 내부는 7층 구조로 되어 있다. 8각
형의 누각식 전목탑으로 탑신 내부에는 나선형 계단이 있어 맨 위층까지 올라
갈 수 있다. 탑 밖으로 목조 처마와 회랑이 널찍하고 길게 펼쳐져 있어서 주변
경관을 감상하기에 좋다.

4) 소주(蘇州, 쑤저우)

장쑤성(江蘇省) 남동쪽 타이후호 동쪽에 위치한 '동양의 베니스'라는 별칭을
갖고 있는 운하의 도시이다. 수나라 때에 대운하가 개통되면서 강남쌀의 수
송지로 활기를 띠면서 항저우와 더불어 '천상천당 지하소항(天上天堂 地下蘇杭)'이

소주

라고 불릴 정도로 번영하였다. 이와 같이 창강 유역에서 가장 먼저 개발되어 시내 운하망을 중심으로 강남의 무역, 행정의 중심지로 발전해 왔다.

역사적으로 쑤저우(蘇州)는 지주문화가 발달된 곳으로 인식되었으며, 관직에서 물러난 관료들이 쑤저우의 문화를 만들어 내었다. 주변지역의 풍부한 농업 생산과 편리한 수륙교통에 힘입어 전통적인 상업활동도 활발하다. 시가지는 둘레 23km의 성벽으로 둘러싸인 옛 성 안쪽과 그 바깥의 신시가지로 나뉘는데, 시내에 운하망이 잘 발달되어 있어서 '물의 도시', '운하의 도시'로 불린다. 항저우에서 차로 약 3시간 거리에 있으며, 중국의 역사문화도시 중 하나로 옛 관료와 지주들이 조성한 정원들이 많아 '정원의 도시', '비단의 도시'라고도 불린다.

① 졸정원(拙政園)

쑤저우(蘇州)에서 가장 큰 중국식 정원(약 50,000㎡) 중의 하나이다. 졸정원은 베이징의 이화원(頤和園), 승덕(承德)의 피서산장(避暑山莊), 쑤저우(蘇州)의 유원(留園)과 더불어 '중국의 4대 정원'으로 꼽히며, 중국 강남에서 가장 아름다운 정원 중의 하나로 평가받고 있다. 명나라 때 벼슬을 지냈던 왕헌신이라는 사람이 낙향해 절이 있던 이곳을 사들여 개인 정원으로 조성했다. 당시 유명한 화가였던 문징명이 전체적인 개조의 디자인을 맡았으며, 공사는 1510년에 시작하여 16년에 걸쳐 완공되었다.

졸정원(拙政園)이란 이름은 당시 반악이라는 학자의 글에 나오는 말로 '차역

졸자지위정야(此亦拙者之爲政也) : 졸자(拙者)가 정치를 하는구나'라는 구절에서 따왔다고 한다. 이 거대하고 아름다운 정원을 낮춰 부르는 의미를 담고 있다. 명대의 전통적 건축양식을 잘 반영하고 있으며, 고대 강남지방 관료들이 거주하던 주택의 건축양식을 엿볼 수 있다. 정원은 동부·중부·서부의 3부분으로 나뉘며, 호수가 전체 면적의 2/3를 차지한다. 졸정원은 한동안 방치되어 오다가 1952년 복원되었으며, 1997년에는 유네스코 세계유산으로 등재되었다.

❷ 한산사(寒山寺)

쑤저우(蘇州)에서 약 5km 거리에 있는 불교 사찰로 한산(寒山)과 습득(拾得)이라는 스님의 고사로 유명하다. 본래에는 다른 명칭을 가지고 있었으나 당나라 시대의 명승(名僧)이었던 한산과 습득이 천태산으로부터 이곳으로 와서 자리를 잡고 한산사(寒山寺)로 개명하였다고 전한다. 전성기 때는 "말을 타야 절의 정문을 본다."라고 할 만큼 넓은 면적을 가지고 있었다고 한다. 또한 당시의 여행자들은 대부분 한산사를 먼저 참배하고 나서 쑤저우 시가지에 들어갔다고 전해진다.

역사상 중국의 10대 사찰의 하나였으며, 사찰 내에는 많은 고적이 보존되어 있다. 또한 새해맞이 제야의 타종행사도 개최되고 있다.

❸ 호구(虎丘)탑

　　쑤저우(蘇州)의 상징으로 송나라 때 건립된 탑 중에서 가장 오래되고 규모가 큰 탑이다. 약 40m 높이의 언덕 정상에 위치해 있으며, 누각식(樓閣式) 탑으로 규모가 크면서도 구조가 정교하다. 목조건축을 모방하여 벽돌로 쌓아올린 8각형 전탑으로 모두 7층이며, 전체 높이는 47.5m이다.

　　호구라는 이름은 언덕의 형태가 호랑이가 웅크리고 있는 것처럼 보이기 때문이라는 설과 춘추시대 오나라 왕인 합려를 매장했을 때 언덕에 호랑이가 나타났다고 하여 그렇게 불렀다는 설이 있다. 각 층마다 탑신(塔身)의 허리 부위에 처마가 있고, 내부는 망원경식의 회랑 구조를 통해 올라갈 수 있도록 계단을 만들었다. 탑신의 내부와 외부에는 조소(彫塑) 장식으로 되어 있다. 이 탑은 약간 기울어져 있는데, 기울기와 외관 때문에 '동양의 피사탑'이라고도 불린다.

📖 백두산 4일 일정 🚙

날짜	지역	교통편	세부 일정
제1일	인 천 연 길 도 문 연 길	항 공 전용버스	인천 출발 연길 도착 북한의 접경지역인 도문으로 이동 후 중국과 북한 국경지대 관광 연길로 이동 후 간단한 연길 시내관광(진달래 광장)
제2일	연 길 백두산 이도백하	전용버스 셔틀버스	백두산으로 이동 백두산, 천지, 장백폭포 등 관광 이도백하로 이동
제3일	이도백하 용 정 연 길	전용버스	용정으로 이동 용정 중학교(구 대성 중학교), 해란강, 일송정 등 관광 연길로 이동
제4일	연 길 인 천	항공	연길 출발 인천 도착

5) 연 길(延吉, 옌지)

　중국 동북지역 지린성(吉林省)에 있는 옌볜 조선족 자치주의 주도(州都)로 면적은 390km², 인구는 약 35만 명이다. 조선족 문화의 중심지로서 한글이 공용어로 사용되어 거의 모든 옥외광고는 한글과 한문으로 동시에 표기하고 있으며, 조선어 방송국과 신문사가 있다. 두만강과 백두산이 인접하여 많은 한국 관광객들이 방문하는 도시이기도 하며, 인근의 선양(沈陽)과 창춘(長春) 등으로 우회하여 접근하는 곳이기도 하다.

연길

❶ 도문(圖們)시의 중국과 북한 국경지대

　지린성 옌볜 조선족 자치주에 위치한 도시로 옌지(延吉)에서 약 1시간 거리에 위치하고 있으며, 면적은 1,142km², 인구는 약 20만 명 정도이다. 지린성 동부의 주요 철도교통 요충지로서 무역의 중심지이기도 하며, 중국과 북한의 최대 국경도시이다. 두만강을 경계로 남쪽으로 함경북도 온성군과 마주보고 있으며, 동쪽은 훈춘, 서쪽으로는 옌지, 북쪽은 왕청 현에 접해 있다. 이곳 도문에서 중국과 북한은 도문대교로 연결되어 있으며, 두만강 건너로 북한의 산하와 도시를 볼 수 있다.

　1988년 중국 정부에 의해 대외 개방도시로 지정되었으며, 중국의 옌지, 북한의 청진(淸津), 러시아의 블라디보스토크를 잇는 두만강 개발 사업 대삼각권의 중심지에 위치하고 있다. 두만강 연안에서는 유일하게 북한과 철도로 연결되어 있어 북한과 교역이 가장 활발히 이루어지는 지역이다. 국경 지역에는 북한 전망대도 설치되어 있어서 한국인 관광객들이 많이 찾는다.

❷ 백두산(白頭山)

　🏯 백두산

　북한의 양강도 삼지연군과 중국 지린성 옌볜 조선족 자치주 경계에 위치한 산이다. 높이 2,750m로 한반도에서 가장 높은 산이며, 중국어로는 창바이 산

^(長白山)이라고 부른다. 현재 백두산은 중국 영토 1/3과 북한 영토 2/3로 각각 나누어져 있는 상태이다. 정상 부분에는 1년 중 8개월 정도 흰 눈으로 덮여 있는데다가 백색의 부석^(浮石)이 얹혀 있어서 마치 '흰 머리'와 같다 하여 '백두산'이라 부르게 되었다. 백두산에서 지리산까지 이르는 백두대간이 여기서부터 뻗어 내렸다 하여 예로부터 우리 민족에게 성스러운 산으로 숭배되었다.

산 정상에는 칼데라호인 천지가 있는데, 면적 9.165km², 평균수심 213.3m, 최대수심 384m이다. 천지의 물은 높이 68m의 장백폭포를 통해 쑹화강^(松花江)으로 흐른다. 천지 부근에는 온천지대가 형성되어 있다. 기후는 전형적인 고산기후로서 연평균 기온 18~20℃, 1월 평균기온은 -23℃이며, 하루 동안에도 기후변화와 일교차가 심하다. 이러한 기후조건 때문에 백두산 관광은 통상 7, 8월을 전후하여 약 4개월 정도 가능하며, 하루에도 기후변화가 심하여 백두산 관광객 중 다수의 경우는 천지관광을 포기하게 되는 경우도 있다.

🏛 천지

백두산 정상의 화산 분화구에 생성된 호수로 해발 2,200m 높이에 위치해
있다. 백두산 풍경 중 최고로 꼽히며, 쑹화강^(松花江)의 발원지이기도 하다. 백
두산의 가장 높은 곳에 위치해 있어서 하늘의 호수 '천지^(天池)'라는 이름이 붙
여졌다. 원형에 가까운 형태를 띠고 있으며, 면적 9.17km², 둘레 14.4km, 최
대 너비 3.6km, 평균 수심 213.3m, 최대 수심은 384m이다. 기후가 불규칙하
고 안개, 강한 바람과 폭풍우가 자주 발생하여 맑은 날에 천지의 아름다움을
보는 것이 쉽지 않은 편이다.

🏛 장백폭포^(비룡폭포)

천지에서 흘러내린 물에 의해 형성된 높이 68m의 웅장한 폭포이다. 천지를
걸어 올라갈 수 있는 등산로 옆에 위치해 있다.

❸ 해란강^(海蘭江)

중국 지린성^(吉林省) 옌볜 조선족 자치주를 흐르는 두만강의 지류로 가곡 '선구자'에 나오는 강이다. 해란강 일대는 평강평야가 펼쳐져 있어서 우리 민족이 간도 지방에 처음 자리를 잡은 곳이다.

❹ 일송정^(一松亭)

옌볜 조선족 자치주의 용정^(龍井) 시 서쪽으로 약 3km 떨어진 비암산^(琵岩山) 정상에 있는 정자를 말하는데, 산 정상에 우뚝 선 한그루 소나무가 마치 정자처럼 생겼다고 해서 붙여진 이름이다. 가곡 '선구자'에 나오는 바로 그 소나무이다. 용정 시는 일제 강점기 때 독립 운동가들이 활동하던 곳으로 산 정상에 독야청청한 소나무를 보면서 독립 의식을 고취하였다고 한다. 정자에 오르면 용정 시 일대의 만주 벌판을 한눈에 전망할 수 있다.

📖 계림 4일 일정 🚗

날짜	지역	교통편	세부 일정
제1일	인 천 계 림	항 공	인천 출발 계림 도착
제2일	계 림	전용버스	첩채산, 상비산 등 관광
제3일	계 림	전용버스	이강 유람 등 관광
제4일	계 림 인 천	전용버스 항 공	관암 동굴, 요산 케이블카 등 관광 계림 출발 인천 도착

6) 계림^(桂林, 구이린)

중국 남부의 광서성^(廣西省) 동북부에 위치해 있으며, 연평균 기온이 약 19℃

로 온화한 아열대 기후에 속하는 지역이다. 계림이라는 명칭은 이곳이 예로부터 계수나무가 많은 지역으로 '계수나무 꽃이 흐드러지게 피는 곳'이라는 뜻이다. 이곳은 독특한 모양의 기암괴석으로 유명한데, 이 기암괴석은 카르스트 지형인 이곳의 지각변동으로 인하여 해저가 지형적으로 돌출하여 만들어진 것이다.

이와 같은 카르스트 지형으로 바위가 병풍처럼 둘러싸어 있으며, 그림과 같은 아름다운 풍경을 지니고 있는 세계적인 관광지이다. "계림의 산수는 천하제일이다.^(桂林山水甲天下)"라는 명성을 들을 정도로 예로부터 빼어난 풍치로 인하여 시인과 화가들의 글과 그림의 소재가 되어왔다.

❶ 첩채산^(疊彩山)

구이린^(桂林) 시의 동북부에 위치하고 있으며, 산이 횡단면으로 층층이 겹처 있어 붙여진 이름이다. 해발 73m의 높이로 산에 올라 구이린 시내 전체를 감상하거나 일출을 촬영하기에 좋다. 정상 부근에는 '풍동^(風洞)'이라 불리는 호리병같이 생긴 동굴이 있으며, 동굴 벽에 불상, 그림, 시 등이 새겨져 있다.

이강유람

❷ 이강(漓江) 유람

구이린(桂林)에서 양삭까지 약 80km에 이르는 구간을 배를 타고 유람할 수 있는 프로그램으로 구이린 관광의 핵심이다. 이강 유람의 모습은 구이린을 상징하는 장면으로 자주 등장하기도 하는데, 배를 타고 유람을 하다보면 카르스트 지형으로 생성된 수많은 봉우리들이 마치 병풍을 펼쳐 놓은 듯한 멋진 경관을 연출한다. 유람 중 선상에서 즐기는 식사도 좋은 경험이 될 수 있다. 또한 이곳에서는 가마우지를 통해 물고기를 잡는 특이한 광경을 볼 수도 있다.

❸ 관암 동굴(官岩洞窟)

관암동굴

구이린 시에서 약 10km 떨어진 이강 동쪽에 위치한 지하 종유동굴이다. 전체의 길이는 약 12km이며, 이강에 근접한 3km 구간이 개발되어 있다. 명칭은 산의 형상이 '관'을 쓴 모양과 비슷하다 하여 붙여진 이름으로 개발 초기부터 관광을 위해 계획적으로 개발되었다. 즉, 내부의 종유석과 석주, 석순 등 빼어난 경관과 함께 자동 조명장치와 사운드 조절 시스템이 잘 갖춰져 있어서 화려한 모습을 연출하고 있다. 관광의 형태는 모노레일을 타고 내부로 들어가며, 유람선을 타고 종유석 등을 관람한 후에 엘리베이터를 타고 산 정상의 출구로 나오도록 설계되어 있다.

❹ 상비산(象鼻山)

마치 거대한 코끼리가 이강의 물을 마시고 있는 듯한 형상을 하고 있다고 하여 붙여진 이름이다. 계림을 소개하는 사진 등에 빠짐없이 등장할 정도로 대표적인 관광지이다.

🖼 황산, 삼청산 4일 일정 🚗

날짜	지역	교통편	세부 일정
제1일	인천 황산	항공 전용버스	인천 출발 황산 도착 휘주 박물관 등 관광 후 호텔 투숙
제2일	황산 삼청산 황산	전용버스	삼청산으로 이동 금사 케이블카(남청원 풍경구, 서해안 풍경구) 등 관광 황산으로 이동
제3일	황산	전용버스	황산 풍경구로 이동 황산(광명정, 비래석, 몽필생화) 관광
제4일	황산 인천	전용버스 항공	명청대 옛거리 등 관광 황산 출발 인천 도착

기) 황산(黃山)

중국 내륙의 안후이성(安徽省) 남동부에 위치한 중국의 명산 중 하나이다. 중국에서 "천하의 명경(明景)은 황산에 모인다."라는 말이 있을 정도로 그 아름다움이 유명하다. 산의 둘레가 250km에 이르며, 2개의 호수, 3개의 폭포, 24개의 계류, 해발 1,000m가 넘는 72개의 봉우리가 있다. 산 중심부에 3대 주봉인 연화봉(1,864m) · 광명정(1,840m) · 천도봉(1,829m)이 있으며, 이중 연화봉은 황산의 최고봉으로서 모든 전경을 한눈에 볼 수 있다.

황산은 소나무와 함께 한 폭의 산수화처럼 아름다운 경치를 만들어 낸다.

황산

황산의 독특한 절경 가운데 하나로 손꼽히는 운해(雲海)는 연간 200일 동안 자욱하게 끼여 있으며, 황산을 대표하는 풍경으로 유명하다. 이 지역은 온천구, 옥병루, 연화봉 등으로 구분되며, 황산 입구에는 온천과 함께 숙박시설이 몰려있다. 1990년 유네스코 세계자연유산으로 지정되었다.

🏛 삼청산

중국 장시성^(江西省) 동북쪽에 위치해 있으며, 황산에서 차량으로 약 3시간 거리이다. 해발 1,819m로 황산보다는 낮고 그 규모가 작지만 기암괴석과 소나무가 운해^(雲海)와 어우러져 황산에 견주어도 뒤지지 않을 정도로 아름다운 산이다. 옥경봉·옥화봉·옥허봉의 세 봉우리가 마치 도교의 세 신선인 삼청^(옥청·상청·태청)이 앉아 있는 것과 흡사하다 하여 삼청산이라고 이름이 붙여졌다.

삼청산 중턱까지 올라가는 케이블카가 2곳에서 운행되고 있으며, 케이블카에서 내려서 걷는 구간은 그리 힘들지 않은 코스이다.

🖼 서안 4일 일정 🚙

날짜	지역	교통편	세부 일정
제1일	인천 서안	항공 전용버스	인천 출발 서안 도착 섬서 역사박물관 등 관광 후 호텔 투숙
제2일	서안	전용버스	병마용 갱, 진시황릉, 화청지 등 관광
제3일	서안	전용버스	와룡사, 팔로군 기념관, 홍경공원 등 관광
제4일	서안 인천	항공	서안 출발 인천 도착

8) 서안^(西安, 시안)

중국 내륙지역 산시성^(山西省)의 성도이자 중국 역사에서 가장 많은 왕조의 수도이기도 했던 곳이다. 기원전 11~10세기 초에 걸쳐 한나라와 당나라 등 많은 왕조가 이곳에 수도를 두었으며, 당나라의 도읍지였던 장안^(長安)이라는 이름으로 익숙한 고도^(古都)이다.

의미적으로 시안^(西安)은 '서쪽의 수도'를 뜻하는 말이며, 실크로드의 기점으로도 유명하다. 실크로드라는 이름에 걸맞게 실크와 차, 자기 등이 중앙아시

Global Tour

아방궁 & 병마용 갱

아를 통해 유럽으로 건너갔고, 중국에 서방의 문물과 문화가 전해졌다. 현재는 많은 국내·외 관광객이 찾는 관광도시이자 중국 서부내륙의 정치·경제의 중심지로서 지속적인 발전을 이루고 있다. 중국 정부에 의해 추진되는 서부 대개발의 거점도시이기도 하다.

❶ 아방궁^(阿房宮)

춘추전국시대의 혼란했던 중국을 통일한 진^(秦)나라의 시황제^(始皇帝)가 세운 궁전이다. 유적은 시안^(西安) 서측 13km의 아방촌^(阿房村)에 남아 있다. 건설에는 죄수 70만 명이 동원되었으나 시황제의 생전에는 완성되지 못했다. 진시황제의 사후에도 공사가 계속되었지만 진의 멸망으로 인하여 미완성으로 끝났다. 아방궁의 규모는 동서로 약 700m, 남북으로 약 120m에 이르는 2층 건물로 1만 명을 수용할 수 있었다고 한다.

❷ 진시황 병마용 갱(兵馬俑坑)과 박물관

병마용은 진시황제 사후를 지키는 흙으로 만든 병사와 말 형상의 인형을 가리킨다. 진시황제의 무덤 부장품들로서 불멸의 생을 꿈꿨던 진시황제가 사후에 자신의 무덤을 지키게 하려는 목적으로 병사와 말의 모형을 흙으로 빚어 실물 크기로 제작한 것이다.

진시황릉으로부터 북동쪽 1.5km 떨어진 곳에서 1974년 한 농부가 우물을 파다가 우연히 발견한 이 지하 궁전은 세 개의 갱으로 나뉘어져 있다. 병마용의 표정과 체격, 크기들은 모두 다르며 신분에 따라 다른 복장을 하고 있다.

❸ 진시황릉^(秦始皇陵)

중국 최초의 황제인 진시황제의 무덤으로 동서 485m, 남북 515m, 높이 약
76m의 거대한 능이다. 능묘는 약 37년간에 걸쳐 완공되었으며, 진시황제가
무덤을 설계할 때 훗날의 도굴을 방지하기 위해서 여러 조치들을 해 두었다고
한다. 1987년에 병마용과 함께 유네스코 세계문화유산으로 지정되었다.

📖 장가계 5일 일정 🚙

날짜	지역	교통편	세부 일정
제1일	인 천 장 사	항 공	인천 출발 장사 도착
제2일	장 사 장가계	전용버스 셔틀버스	장가계로 이동 백장협, 천문산 등정(케이블카, 에스컬레이터), 천문동 등 관광
제3일	장가계	셔틀버스	원가계 등정(백룡 엘리베이터), 금편 계곡, 십리화랑 등 관광
제4일	장가계 장 사	전용버스	황룡 동굴, 대협곡, 보봉호 등 관광 장사로 이동
제5일	장 사 인 천	항 공	장사 출발 인천 도착

9) 장가계(張家界, 장자제)

장가계

　중국 후난성(湖南省) 서북부에 위치하고 있는 중국 제일의 국가삼림공원이다. 전체 면적은 9,563km²로 중국 면적의 1/1,000 정도이며, 총 인구의 69%가 토가족, 백족, 묘족 등 20개의 소수민족으로 구성되어 있다. 장가계는 수려한 산세와 동굴 외에도 인적이 드문 자연적 지리 조건으로 인해 원시상태에 가까운 아열대 경치와 생태 환경을 지니고 있다. 약 3억 8천만 년 전 이곳은 바다였으나 이후 지구의 지각운동으로 인해 해저가 육지로 솟아 올랐다.

　수억만 년의 세월 동안 자연침식과 붕괴 등의 변화를 거치면서 오늘의 깊은 협곡과 기이한 봉우리, 맑은 물이 흐르는 계곡의 자연 절경을 이루게 되었다. 1992년 장가계의 생태학적, 지형적 가치를 인정받아 세계자연유산에 지정되었으며, 2009년 개봉영화인 아바타의 촬영지로도 알려져 있다. 대표적 관광 포인트는 천자산, 어필봉, 천대서해, 원가계, 천하제일교, 백룡 엘리베이터, 보봉호, 용왕동, 천문산 등이 있다.

　🏯 **천자산**　한나라 때 유방에게 반기를 들고 일어난 농민 지도자 '향왕 천자'의 이름에서 유래되었다. 동, 서, 남 3면의 바위산이 수풀처럼 하늘을 받들고 있으며, 그 사이로 깊은 계곡들이 뻗어 있어 마치 천군만마가 포효하며 달려오는 듯한 풍경을 연출한다. 케이블카를 타고 약 10분간 등정한다.

　🏯 **어필봉**　흙이 없는 돌 봉우리 위에 자란 소나무가 마치 붓을 거꾸로 꽂아 놓은 듯한 모습을 연출한다. 전쟁에서 패한 황제가 천자를 향해 쓰던 붓을 던졌다고 해서 '어필봉'이라는 이름이 붙여졌다 한다.

　🏯 **천대서해**　석림들이 바다를 이루고 있는 절경을 연출한다. 기암괴석으로 이루어진 숲이 운무에 휩싸이면 바다를 이룬다고 해서 붙여진 이름으로 수천 개의 깎아지른 봉우리들과 푸른 소나무들이 어우러져 바다를 이루는 듯한 경이로운 경치를 감상할 수 있다.

🏛 원가계 장가계 국가삼림공원 내에 위치하고 있다. 장가계 절경 지역 중의 하나로 석영사암으로 이루어져 있으며, 규모가 웅장하지만 경사가 완만하여 1시간 정도 산책을 즐길 수 있다.

🏛 천하제일교 높이 300m의 커다란 바위 두 개가 자연적으로 연결되어서 형성되었다. 너비 2m, 길이 20m의 천연 석교이다.

🏛 백룡 엘리베이터 바위산 절벽에 인공적으로 설치한 수직 높이 335m의 관광전용 엘리베이터이다. 3대의 엘리베이터를 운행하며 원가계, 오룡채, 천자산을 연결하는 주요 이동수단이다.

🏛 보봉호 급수와 홍수 조절을 위해 골짜기를 막아 댐을 조성하여 만든 해발 고도 430m에 위치한 인공 호수이다. 호수가 산에 둘러싸여 있어서 아름다운 경치를 연출하며, 이른 아침에 안개가 짙게 드리워진 모습은 장관을 연출한다. 길이 약 2.5km, 수심 72m에 이른다.

🏛 용왕동 약 3억 8천만 년 전에 형성된 석회암 카르스트 동굴이다. 내부에서는 조명장치와 함께 동굴의 아름다움을 느낄 수 있다.

🏮 **천문동**　해발 1,518m에 위치한 장가계 자연경관의 절정으로 꼽힌다. 7,455m의 세계 최장 케이블카를 타고 정상까지 올라가며, 이후 99개의 굽이진 도로를 따라 천문동 입구에 도착한다. 이후 999계단을 걸어 올라가면 동굴의 높이가 131m, 폭이 57m인 천문동에 이르게 된다.

02

일본

중국

러시아

북한

동해

남한

일본
(Japan)

도쿄

하코네

교토

고베

오사카

나라

태평양

후쿠오카

벳부

유후인

아소

1) 개 요

정식국명	일본(Japan)
수 도	동경(도쿄)
언 어	일본어
민 족	일본족
정치체제	입헌군주제, 내각책임제
1인 GDP	$38,282 / 세계 24위(2017년 / IMF 기준)
빅맥지수	$3.36
위 치	아시아 동부
면 적	377,195km² / 세계 62위(CIA 기준)
기 후	해양성 온화한 기후
인 구	약 126,451,398명 / 세계 10위(2017년 / CIA 기준)
종 교	신도(神道), 불교, 기독교
통화·환율	엔(JPY), 100엔 = 999원(2017년 10월 기준)
시 차	GMT +9
비행시간	인천 → 도쿄(약 2시간 20분), 인천 → 후쿠오카(약 1시간 20분)

2) 지리적 특성

한반도의 동쪽, 유라시아 대륙의 동쪽 끝 해상에 위치하고 있다. 홋카이도, 혼슈, 시코쿠, 큐슈의 주요한 4개 섬을 중심으로 그 외 크고 작은 섬들로 이루어진 섬나라이다. 한반도 크기의 약 1.7배에 달하며 일명 '불의 고리'로 불리는 환태평양 조산대의 일부이다. 지리적 특성상 지진이 많이 발생하며 166개의 화산 가운데 약 60%가 활화산으로 화산폭발의 위험이 있다.

3) 기후

일본의 기후는 여름에는 고온다습, 겨울에는 한랭건조하며, 사계절의 변화가 뚜렷하다. 또한 지리적 특성으로 인하여 강수량이 많고 지역 차이가 크다.

도쿄

요소 \ 월별	1월	2월	3월	4월	5월	6월	7월	8월	9월	10월	11월	12월
최저기온 (℃)	2.1	2.4	5.1	10.5	15.1	18.9	22.5	24.2	20.7	15	9.5	4.6
최고기온 (℃)	9.8	10	12.9	18.4	22.7	25.2	29	30.8	26.8	21.6	16.7	12.3
강수량 (mm)	48.6	60.2	115	130	128	164.9	161.5	155.1	208.5	163.1	92.5	39.6

일본음식

4) 문 화

🐼 음 식

우리나라와 마찬가지로 쌀이 주식이며, 섬나라의 특성에 맞게 해산물 및 어패류 요리가 발달되었다. 주요 요리로는 회, 초밥, 라멘, 돈가츠, 오코노미야키, 가라아게 등이 있다. 또한 일본은 다양한 술 종류가 있는데, 그중 간바레 오또상, 기쿠마사무네, 기모노 다이긴죠 등의 사케와 아사히, 삿포로, 기린, 에비스 등의 맥주가 있다.

🍴 오코노미야키 : 우리나라의 빈대떡과 비슷한 모습으로 일본 전통 철판 부침요리. 뜨거운 철판에 기름을 바르고 고기와 해산물, 양배추 등을 잘게 썰어 올려놓은 뒤 밀가루 반죽을 둘러 지지는 음식.
🍴 가라아게 : 닭고기를 튀김가루에 한번 굴린 후 튀겨낸 닭튀김 음식.

🐼 축 제

　일본의 대표적인 축제는 신에게 제사를 지내는 종교적 행사를 점차 발전시켜 축제로 발전시킨 마츠리가 유명하다. 대표적인 마츠리는 삿포로 유키마츠리, 도쿄 간다마츠리, 교토의 기온마츠리, 오사카의 텐진마츠리가 유명하다.

5) 여행 정보

🐼 화 폐

　일본의 화폐는 엔(JPY)이라고 불리며, 지폐로는 10,000엔, 5,000엔, 2,000엔, 1,000엔이 있다. 동전으로는 500엔, 100엔, 50엔, 10엔, 5엔, 1엔이 있다.

🐼 전압 및 콘센트

　일본의 전압은 110V, 50~60Hz를 사용하고 있으며, 콘센트는 11자형으로 되어 있다. 우리나라와 전압 및 콘센트가 다르므로 별도의 멀티어댑터가 필요하다.

2 관광지 정보

📖 대표 여행상품 🚗

상품명	여행 지역
도쿄 4일	도쿄, 하코네, 닛코, 디즈니랜드 등
오사카, 나라, 교토, 고베 4일	오사카, 나라, 교토, 고베 등
큐슈 4일	후쿠오카, 벳부, 아소, 유후인 등

날짜	지역	교통편	세부 일정
제1일	인 천 도 쿄	항 공 전용버스	인천(김포) 출발 도쿄 도착 도쿄 시내관광(아사쿠사 관음사, 나카미세 거리, 도쿄 도청)
제2일	도 쿄 하코네 도 쿄	전용버스	하코네 국립공원으로 이동 하코네 국립공원 관광(아시 호수, 오와쿠다니 계곡) 도쿄로 이동
제3일	도 쿄 닛 코 도 쿄	전용버스	닛코 국립공원으로 이동 닛코 국립공원 관광 도쿄로 이동
제4일	도 쿄 인 천	전용버스 항 공	신승사 관광 도쿄 출발 인천(김포) 도착

1) 도쿄

1889년 도쿄 부의 동쪽에 개발되었다가 1943년에 도쿄 부와 합쳐 도쿄 도가 되었다. 현재는 도쿄 도의 특별 구 지역에 해당한다. 도쿄는 일본의 혼슈 동부에 위치하며, 메이지 시대부터 일본의 수도가 되었다. 도쿄 도의 면적은 2,187.66km², 인구는 1,300만 명을 넘어선 일본 최대 도시이다.

① 아사쿠사 관음사

아사쿠사 관음사는 도쿄에서 가장 크고 가장 오래된 사찰로 서기 628년 스미다 강에서 어부 형제가 물고기를 잡다가 그물에 걸린 관세음보살상을 모시기 위해 건립하였다. 건물의 대부분은 1950년대에 재건축한 것으로 최초의 건물들은 2차 세계대전 때 소실되었다.

관세음보살상이 안치되어 있는 본당, 석가모니의 사리가 안치되어 있는

5층탑, 사찰 건립에 관련된 인물들을 모시는 아사쿠사 신사의 세 건물이 핵심이다. 이곳에 복을 빌기 위해 찾아오는 일본 사람들과 관광객들로 항상 북적거리며, 일본의 단일 관광지로는 가장 많은 관광객이 찾는 곳이다.

❷ 오다이바

도쿄 미나토 구에 위치한 상업, 레저 및 주거 복합지구로 도쿄 만에 건설된 대규모 인공 섬이다. 최초에는 도쿄를 방어하기 위한 목적으로 조성되었으나 1990년대 초부터 '도쿄 텔레포트 타운'이라는 미래형 주상복합지역을 조성하기 위한 프로젝트를 시작하여 상업과 거주 및 레저 복합지역으로 크게 발전하였다. 오다이바의 명물로는 뉴욕에 있는 자유의 여신상과 똑같이 조각해 놓은 자유의 여신상과 해변공원에서 바라보는 레인보우 브리지이다.

 레인보우 브리지

　　도쿄 도심과 도쿄 만의 인공 섬인 오다이바를 연결하는 다리로서 오

다이바의 상징이며, 특히 야경이 아름답다. 1987년에 착공하여 1993년 8월에 완공되었으며, 다리의 높이는 127m, 길이는 570m이다. 상하 총 2층으로 이루어져 있으며, 1층은 일반도로, 2층은 고속도로로 이용된다.

오다이바 해양공원

오다이바의 해안을 따라 조성된 인공 해변으로 가족, 연인들의 산책코스로 좋다. 특히 밤이 되면 레인보우 브리지의 화려한 조명과 주위 건물들의 불빛으로 환상적인 야경을 연출하며, 레인보우 브리지 밑으로 유람선도 운항한다.

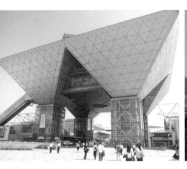

❸ 나카미세 거리

가미나리 몬^(벼락의 문이라는 뜻으로 아사쿠사 관음사를 가기 위한 첫 관문)에서 아사쿠사 관음사의 호조 몬에 이르는 일직선의 거리를 일컫는 말로 도쿄 최고의 장인들이 만들어 내는 옛 일본의 맛과 멋을 즐길 수 있는 곳이다. 특히 경단과 만쥬를 판매하는 가게 앞에서는 사람들이 줄을 서서 기다리고 있는 풍경을 볼 수 있다.

❹ 디즈니랜드

도쿄 디즈니랜드는 1983년 4월 15일 미국 이외의 지역에서 건설된 첫 디즈니 테마파크로 826,000m²의 규모를 자랑하고 있으며, 도쿄 인근의 지바 현 우라야스 시에 위치하였다.

도쿄 디즈니랜드는 테마에 따라 일곱 개 구역으로 나뉘고 그것들을 '테마 랜드'라고 부르는데, 테마별로 월드바자^(World Bazaar), 크리터 컨트리^(Critter Country), 어드벤처 랜드^(Adventure Land), 웨스턴 랜드^(Western Land), 판타지 랜드^(Fantasy Land), 툰 타운^(Toon Town), 투모로우 랜드^(Tomorrow Land)로 구성되어 있어 취향에 따라 다양하게 즐길 수 있다. 이중에서 가장 인기 있는 테마 랜드는 월드바자로 미국의 서부 개척시대 아메리카 인디언과 보안관이 등장하는 테마파크와 미키 마우스, 도널드 덕 등 디즈니의 캐릭터 상품을 판매하는 쇼핑몰이 있고, 이외에도 다양한 뮤지컬과 퍼레이드 등 화려한 이벤트도 수시로 열리며, 영화관과 상점, 레스토랑도 있다.

❺ 디즈니 씨^(sea)

도쿄 디즈니 씨는 2001년 10월 4일 세계에서 11번째로 건설된 디즈니 테마파크이다. 세계 최초로 바다를 주제로 물 위에 만들어진 테마파크로 디즈니랜드 옆에 712,246m² 규모로 건설되었다.

디즈니 씨는 메디테러니언 하버^(Mediterranean Harbor), 아메리칸 워터프론트

(American Waterfront), 포트 디스커버리(Port Discovery), 로스트 리버 델타(Lost River Delta), 아라비안 코스트(Arabian Coast), 머메이드 라군(Mermaid Lagoon), 미스테리어스 아일랜드(Mysterious Island)의 7개 테마에 따라 다양한 놀이기구가 준비되어 있다. 이외에도 디즈니 캐릭터들이 펼치는 다양한 쇼가 공연되며, 쇼핑시설까지 모든 것을 갖추고 있다.

❻ 도쿄 도청

신주쿠 중심에 위치한 지상 48층, 243m의 초고층 빌딩으로 건물은 3개의 동으로 이루어져 있다. 3개 동 중에서 가장 높은 동이 도청 제1 본청사로 48층의 탑이 33층에서 양쪽으로 두 부분으로 나누어진다. 동경 시내를 한눈에 내려다 볼 수 있도록 제1 본청사 남쪽과 북쪽 타워의 202m 지점 45층에는 무료 전망대가 있으며, 날씨가 좋은 날에는 요코하마와 후지산까지 볼 수 있다. 55초 만에 45층까지 올라가는 초고속 엘리베이터가 운행되고 있다.

⑦ 신승사

나리타 공항 인근에 위치한 신사로 진입로는 웅장한 자태의 나무들이 빽빽하게 들어서 있다. 내부는 일본 전통 신사의 모습을 하고 있으며, 광명당, 삼중탑, 인왕문 등 문화재를 보유하고 있다. 최근에는 일본사람들이 자동차를 구입하면 이곳을 찾아 제를 올리는 것으로 유명하다.

2) 하코네

간토 지방의 가나가와 현 남서부 아시가라시모 군의 조그마한 읍으로 후지 산의 동쪽 기슭에 위치한 국제적인 관광 · 휴양 도시이다. 하코네는 메이지유신 때 아시가라 현에 소속되었다가 1876년 8월에 가나가와 현으로 바뀌게 되었으며, 면적은 92.82km², 인구는 약 13,000명이다. 화산 폭발로 예로부터 온천지대로 유명하며, 화산으로 인한 칼데라 호수와 삼림의 수려한 풍경으로 후지 하코네 이즈 국립공원으로 지정되어 있다.

❶ 하코네 국립공원

일본 혼슈 중남부의 야마나시 현, 시즈오카 현, 가나가와 현, 도쿄 도에 위치하여 후지 산, 하코네, 이즈 반도, 이즈 제도의 4개 구역으로 구성된 후지 하코네 이즈 국립공원 중 하나이다. 최초로 1936년에 후지 하코네 국립공원으로 지정되었고, 1955년 이즈 지역을 편입하여 후지 하코네 이즈 국립공원으로 이름을 변경하였다.

해발 800m 지점에 위치하며, 도쿄에서 기차로 1시간 30분 정도 소요된다. 화산지대에 위치한 하코네는 후지 산의 자태를 전망할 수 있는 아시 호수, 지금도 연기와 수증기를 내뿜고 있는 오와쿠다니, 곳곳에서 솟아나는 온천수로 온천과 스파, 헬스 리조트로 유명하다.

또한 하코네 습지 식물원과 야외 미술관도 있어서 피카소, 로댕 같은 유명한 작가들의 작품이 전시되고 있다. 그러나 최근 800년 만에 하코네 산에서 소규모 분화 현상이 연일 일어나 오와쿠다니 반경 1km 이내 진입을 금지하고 있으며, 분화로 온천수 공급 배관이 파손되어 일부 숙박업소에는 온천수의 공급이 제대로 이루어지고 있지 않다.

❷ 아시 호수

하코네 국립공원의 중앙으로 후지 산의 자태를 가장 잘 조망할 수 있는 곳이며, 해발 723m에 위치한 칼데라 호수이다. 아시 호수에 거꾸로 비친 후지 산의 모습과 아시 호수에서 중세의 범선을 모방한 해적선을 탑승하여 호수를 유람하며 바라보는 풍경이 매우 아름답다.

❸ 오와쿠다니 계곡

3,100년 전 하코네 화산이 분화되어 생긴 분화구이다. 주변의 강한 산성토양 때문에 나무들이 거의 말라 죽어 그 모습이 마치 황량한 지옥 같다고 해서 지옥계곡이라고도 불리지만 이상한 모양의 일부 식물이 끈질긴 생명력을 이어가고 있기도 하다. 또한 달걀을 유황천에서 삶아 검은 빛깔로 변한 '쿠로다마고(黑卵)'라는 달걀을 파는데, 그 달걀을 먹으면 살짝 유황의 맛이 느껴지고 맛도 좋지만 달걀 한 개를 먹으면 수명이 7년씩 늘어난다고 하여 더욱 인기이다.

3) 닛코 국립공원

1934년 12월 4일에 지정된 일본 혼슈 섬의 남동부 간토 지방에 있는 산악 국립공원으로 도치기, 군마, 후쿠시마, 니가타의 4개 현에 걸쳐 있고 총 면적은 1,400.21km²이다. 해발고도 2,578m의 닛코시라네 산을 최고봉으로 하여 2,000m 이상의 화산들이 연이어 있으며, 화산활동으로 생성된 주젠지 호수와

게곤 폭포, 세계유산으로 등록되어 있는 도쇼구^(東照宮) 신사 등이 주요한 관광

자원이다.

❶ 주젠지 호수

호수 북쪽에 위치한 난타이 산의 화산폭발로 용암이 산에서 내려오는 계곡의 물길을 막아 생성된 호수이며, 게곤 폭포로 떨어지는 물의 진원지이다. 호면의 해발 고도는 1,270m로 산기슭에 위치한 일본의 대표적인 고산 호수이다. 호수의 전체 둘레가 21km나 되고, 면적은 11.5km²이다. 호수의 평균 깊이는 125m이지만 가장 깊은 곳은 163m나 되어 겨울철에도 얼지 않는다.

호수가 숲으로 둘러싸여 경치가 아름다워 유람선이 운행되고 있으며, 선착장 주변에는 조그마한 카페들이 모여 있다. 또한 송어잡이로도 유명하지만 후쿠시마 원전에서 150km나 떨어진 이곳에서 잡힌 송어에서도 방사성 세슘의 1kg당 기준치 100베크렐을 크게 넘는 최고 169베크렐의 방사성 세슘이 검출되어 먹을 수 없게 되었다.

❷ 게곤 폭포

오랜 세월이 흐르면서 주젠지 호수를 감싼 화산암이 침식작용으로 틈이 생겨났고, 그 틈으로 호수의 물이 쏟아져 내려 게곤 폭포를 이루게 되었다. 와카야마현의 나치 폭포, 고베의 누노비키 폭포와 함께 일본의 3대 폭포를 이루고 있다. 무려 97m나 되는 암벽에서 직하하던 폭포가 중간 지점에서 12갈래로 나뉘어 쏟아져 다이야 강으로 흘러 들어간다. 폭포 아래까지 내려가는 엘리베이터를 이용하면 웅장한 폭포의 모습을 실감나게 즐길 수 있다.

❸ 도쇼구

일본을 통일하고 에도막부 시대를 연 도쿠가와 이에야스를 모신 신사이다. 자신이 죽은 뒤 1년 뒤에 닛코에 묻어 달라는 유언에 따라 사후 1주년인 1617

년에 그의 아들 도쿠가와 히데타다가 시즈오카 구노 산에 매장되어 있던 유해
를 이곳으로 옮겨와 안치하였다.

사후 20주년에 맞추어 1636년에 에도막부의 3대 장군이자 이에야스의 손자
인 도쿠가와 이에미쓰가 15,000여 명의 장인과 450만 명의 인력을 동원해 현
재의 모습으로 재건축하였다. 일본에서 가장 큰 석조 도라이, 국보급 보물들,
전 일왕의 친필, 네덜란드 동인도회사가 도쿠가와 이에야스에게 선물한 샹들
리에 등 유서 깊은 유물들이 많이 있다.

📖 오사카, 나라, 교토, 고베 4일 일정 🚗

날짜	지역	교통편	세부 일정
제1일	인 천 오사카	항 공 셔틀버스	인천 출발 오사카 도착 셔틀버스를 이용하여 호텔로 이동
제2일	오사카 나 라 교 토 고 베	전용버스	나라로 이동 나라 시내관광(동대사, 나라 공원) 교토로 이동 교토 시내관광(청수사, 후시미 이나리 신사, 닌넨자카와 산넨자카) 고베로 이동
제3일	고 베 오사카	전용버스	고베 시내관광(메리켄 파크, 하버랜드) 오사카로 이동 오사카 시내관광(오사카 성, 신사이바시, 도톤보리)
제4일	오사카 인 천	셔틀버스 항 공	셔틀버스를 이용하여 공항으로 이동 오사카 출발 인천 도착

4) 오사카

서 일본 긴키 지방 오사카 부의 부청 소재지이다. 서 일본 최대의 도시
로 도쿄에 이어 경제·문화 등에서 중요한 역할을 담당하고 있다. 면적은

223.00km², 264만 명 정도가 거주하여 도쿄, 요코하마 다음으로 인구가 많다.

오사카는 산업시설의 해외 이전, 기업 본사의 도쿄 이전, 위성도시로의 인구 이주 등으로 인하여 1965년에 315만 명의 인구를 정점으로 인구가 계속 줄어들고 도심 공동화 현상이 나타나고 있다.

에도시대 이래로 상업도시의 전통을 지니고 있고, 메이지유신 이후에는 근대 산업을 일으켜 전통적인 상공업도시로 발전을 거듭하였으며, 신칸센을 비롯한 교통기관의 발전으로 교토와 나라, 고베 등 인근의 도시를 연결하고 있다. 세토나이 해를 중심으로 개발된 오사카 항은 부두설비가 갖추어져 여객선의 국내·외 항로가 개설되어 있고, 화물선의 출입도 빈번하게 이루어지고 있다.

❶ 유니버설 스튜디오 재팬

2001년 3월 31일 오사카 시에 미국 LA와 플로리다에 이어 동양에서는 최초이자 세계에서 세 번째로 할리우드 영화를 테마로 개관한 테마파크이다. 조스, 백 투 더 퓨처, 쥐라기 공원 등을 테마로 신나고 짜릿한 놀이기구 어트랙션과 터미네이터, 워터월드, 슈렉 4D 등을 테마로 한 쇼 어트랙션 등이 개설되어 있다.

❷ 도톤보리

　오사카 시의 번화가를 동서로 가로질러 흐르고 있는 도톤보리 강을 의미하지만 지금은 물고기가 헤엄쳐 다니던 예전의 모습은 찾아보기 어렵고, 강 주변에 오사카 최대의 서민적인 분위기를 느낄 수 있는 유흥가가 형성되어 있다. 오사카를 상징하는 대표적인 거리로 다코야키집, 회전초밥집 등의 음식점과 저렴한 술집 및 포장마차, 오락실, 극장 등이 집결되어 있다.

도톤보리

❸ 신사이바시

　나가호리 강에 있었던 다리를 의미하였으나 지금은 오사카 시의 최대 쇼핑가를 말한다. 루이비통, 샤넬, 살바토레 페라가모와 같은 명품매장과 백화점이 모여 있으며, 100여 개의 중저가 화장품 판매점들이 즐비하다. 또한 쇼핑 거리는 지붕이 덮여진 아케이드 거리로 유명하다. 아케이드 거리 외에도 서쪽에는 유럽마을과 동쪽에는 미국마을이 있는데, 유럽마을에는 명품매장들과 고급 레스토랑, 카페들이 밀집해 있으며, 미국마을에는 젊은 사람들에게 인기 있는 힙합 캐주얼 상점, 클럽 등이 모여 있다.

❹ 오사카 성

　도요토미 히데요시가 일본 통일을 달성한 후 권력을 과시하기 위해 1583년에 10만 명의 인부를 동원하여 오사카 시에 짓기 시작하였다. 1585년에 5층 8단의 망루형 천수각을 완성하였고, 3년

오사카성

고베

간의 공사 끝에 1586년에 완공하였다. 그러나 도요토미 히데요시가 사망한 후 1615년에 에도막부가 일으킨 '오사카 여름 전투'에서 오사카 성과 천수각은 화재로 소실되었고, 그 후 도쿠가와 이에야스가 정권이 교체된 것을 천하에 알리기 위해 새로 개축하여 천수각이 1626년에 완공되었으나 1665년에 또다시 소실되었다.

현재의 천수각은 1931년에 병풍의 그림을 참조하여 8층의 박물관식으로 재건축되었는데, 8층은 오사카 공원 주변의 경치를 전망할 수 있는 전망대가 설치되었으며, 1층에서 7층까지는 도요토미 히데요시와 오사카 성의 역사에 관한 자료가 전시되어 있다. 오사카 성은 구마모토성, 나고야 성과 더불어 일본 3대 성으로 꼽힌다.

5) 고 베

효고 현의 현청 소재지로 긴키 지방에 위치하고 있다. 일본에서 6번째로 큰 도시이고, 오사카 시내에서도 전철로 30분이면 갈 수 있기 때문에 위성도시로서의 성격도 갖고 있으며, 인구는 약 150만 명을 넘는다. 오사카 만에 위치하고 있어서 한신 공업지대의 중요한 항구이자 국제 무역도시이고, 물동량은 인

근의 오사카 항을 넘어서 일본 제3위의 무역항이다. 1995년 1월 17일에는 긴키 지방을 강타한 대지진으로 고베에서만 사망자가 4,484명이 발생하기도 하였다.

❶ 메리켄 파크

고베 시의 메리켄 부두를 매립하여 1987년 말에 오픈한 공원이지만 1995년 고베 대지진으로 재정비되어 현재의 모습을 갖추게 되었다. 메리켄 파크 안에는 포트 타워, 해양박물관, 고베 항 지진 메모리얼 파크 등이 있으며, 관광객의 편의를 위해 메리켄 파크 오리엔탈 호텔이 바다를 배경으로 건설되어 한국의 드라마 '유리화'의 촬영이 이곳에서 이루어지기도 하였다.

❷ 하버랜드

효고 현 고베 시의 대표적인 재개발지구이다. 개발 전에는 창고가 즐비한 부두에 지나지 않았으나, 1980년대부터 아름다운 고베 항과 어울리게 호텔, 백화점, 쇼핑센터 등이 집중적으로 개발되어 많은 쇼핑객들과 관광객들이 모여들고 있다. 고베 항의 앞바다에 드리워진 휘황찬란한 불빛의 야경과 맞은편의 고베 해양박물관의 야경도 볼 수 있다. 12월에는 고베 대지진의 희생자를 추모하고 도시의 발전을 기원하는 고베 루미나리에 축제가 열리고 있다.

6) 나 라

긴키 지방의 나라 현 북쪽에 위치하는 도시이며, 현청 소재지이다. 겐메이 일왕이 나라^(奈良)로 수도를 옮긴 710년부터 74년 동안 국도^(國都)로 번영을 누렸던 고도^(古都)이다.

나라

유네스코 세계유산으로 지정된 역사도시이자 연간 약 1,300만 명의 관광객들이 찾아오는 관광도시이다. 대표적 관광지인 나라 공원에서는 사슴을 놓아 기르며, 관광명소가 공원 안에 거의 위치해 있다. 면적은 276.84km², 인구는 40만 명에 이르며, 오사카와 접하고 있는 서부지역은 오사카 도시권의 위성도시로 주택단지가 건설되었다.

❶ 나라 공원

나라 시의 대부분의 유적을 포함하고 있는 나라 공원에 사슴이 많이 뛰어놀고 있어서 사슴 공원이라고도 한다. 나라 공원은 나라 시의 동쪽에 동서로 4km, 남북으로 2km나 되는 광대한 대공원으로 울창한 수목과 잘 다듬어진 잔디에서 한가롭게 노니는 1,200여 마리의 사슴들이 그림 같은 경관을 만들어 낸다. 밤이 되면 사슴들을 우리에 넣어두고, 아침부터 저녁까지는 자유롭게 방목하고 있는데, 사슴들이 사람들을 전혀 무서워하지 않는다.

❷ 동대사

743년에 쇼무 일왕이 부처의 힘을 빌려 국가를 재앙으로부터 보호하기 위해 건설한 사원으로 이 절의 대불전^(大仏殿)은 높이 47.5m, 길이 57m, 너비 50m의 세계에서 가장 큰 목조 건물이지만 화재로 두 번 재건축되어 현재의 것은 원래의 것에 비해 30%나 더 작게 1709년에 완공된 것이다. 또한 앉은 키 16.2m, 얼굴 길이가 4.8m나 되는 거대한 비로자나불이 있는데, 이 불상은 세계 최대의 금동좌불상이다.

기) 교토

혼슈 중앙부, 오사카와 나라의 북쪽에 있는 도시로 교토 부(府)의 부청 소재지이다. 면적은 827.90km², 인구는 150만 명이 넘는다. 794년 간무 일왕이 교토로 천도한 때부터 1868년 메이지 유신 때 수도를 도쿄로 이전하기 전까지 헤이안 시대의 일본 수도였다.

헤이안 시대의 문화를 느낄 수 있는 사찰과 신사 등 역사 유적지가 많이 있으며, 4~5월에는 벚꽃이 만개하고 11월에는 단풍이 아름다운 관광도시이다. 주민 대부분이 오사카 시로 출퇴근하여 베드타운 역할도 하고 있으며, 닌텐도, 와코루와 같은 대기업의 본사가 있는 산업도시이기도 하다. 교토 대학과 도시샤 대학 등 많은 대학 및 박물관과 미술관 등 문화시설이 갖춰진 학문과 문화의 도시이기도 하다.

교토

❶ 닌넨자카와 산넨자카

청수사로 가는 거리를 말하며, 닌넨자카에는 일본 전통 양식의 목조 건물들로 지어진 기념품 가게, 식당과 찻집들이 늘어서 있다. 산넨자카에는 전통의상과 다기, 수공예품을 판매하는 기념품 가게들이 줄지어 있는 거리를 말한다.

❷ 청수사 (기요미즈데라)

798년 헤이안 시대 초기에 설립되었고, 현재의 건물은 1633년에 도쿠가와 이에야스의 명으로 재건된 것이다. 절 전체에 걸쳐서 못이 하나도 사용되지 않았다. 절의 이름인 기요미즈는 '깨끗하고 맑은 물'을 의미하며, 주변의 폭포에서 유래되었다고 한다. 청수사는 10m 정도 튀어나온 절벽에 139개의 기둥이 받쳐져 절벽 위에 있어서 탁 트인 전망과 교토 시가지를 조망할 수 있다.

❸ 후시미 이나리 신사

일본 전국에 3만여 개의 이나리 신을 모시는 신사가 있는데, 그중에서 711년 세워진 교토의 후시미 이나리 신사가 총본산이다. 수천 개의 붉은색 토리이(신사의 경계 영역을 표시하는 문)가 산기슭부터 산꼭대기의 후시미 이나리 신사까지 구불구불 이어지고, 약 4km에 이르는 아름다운 단풍나무 숲길은 교토의 또 다른 볼거리를 제공한다.

📖 큐슈 4일 일정 🚙

날짜	지역	교통편	세부 일정
제1일	인천 후쿠오카	항공 전용버스	인천 출발 후쿠오카 도착 후쿠오카 시내관광(캐널시티, 아사히 맥주 공장, 다자이후텐만구)
제2일	후쿠오카 유후인 벳부	전용버스	유후인으로 이동 유후인 관광(긴린코, 유후인 온천) 벳부로 이동 벳부 관광(가마토 지옥, 유노하나)
제3일	벳부 아소 후쿠오카	전용버스	아소로 이동 아소 관광(쿠사센리, 고메즈카, 아소 활화산, 이케야마 수원지) 후쿠오카로 이동
제4일	후쿠오카 인천	항공	후쿠오카 출발 인천 도착

8) 아 소

일본 구마모토 현의 동북부, 아소 지방의 중앙에 위치하는 시이다. 구마모토 시로부터 약 50km 떨어져 있으며, 시의 동북쪽이 오이타 현에 접한다. 면적은 376.25km², 인구는 3만 명에 이른다. 아소 산을 중심으로 세계 최대 분화구의 복식화산, 칼데라와 광대한 초원이 있고, 아소쿠주 국립공원으로 지정되어 있는 온천도시이자 관광도시이다.

❶ 고메즈카

천리에 걸쳐 펼쳐져 있는 쿠사센리를 지나다 보면 볼 수 있는 조그마한 언덕 모양의 기생화산으로 구릉선이 아름다운 모습을 뽐낸다. 아소 지역의 개척신이 수확한 쌀을 모아 쌓았고, 화산 정상에 있는 움푹 파인 구덩이는 가난한 사람들에게 쌀을 퍼주었기 때문이라는 전설이 회자되고 있다.

❷ 아소 활화산

구마모토와 벳부의 중간 지점에 구마모토 현과 오이타 현에 걸쳐 있다. 해발고도 1,592m로 세계 최대 분화구의 복식화산 지형으로 일본 최초의 국립공원 지역이다. 이곳에는 5개의 분화구가 있으며, 이중 나카가쿠 화산은 유일하게 지금도 활동 중인 활화산으로 그 분화구를 들여다보는 것이 아소 관광의 백미이다.

❸ 이케야마 수원지

이케야마 수원지는 아소 산의 분화구에 고인 물이 지하로 스며들다가 이곳에서 분출되어 물 밑에서 저절로 천연수가 솟아난다. 아소 산에 이러한 수원지가 7개 있는데, 일본 최고의 물 100선에 선정되었다. 수원지 인근에 푸르른 이끼를 온 몸에 두르고 있는 삼나무의 풍경이 이색적이다.

❹ 쿠사센리

쿠사센리^(草千里)는 천리에 걸쳐 펼쳐져 있는 드넓은 초원지대를 뜻하는 말로서 면적이 785,000m²에 이르며, 지름이 1km나 되는 화구^(火口) 터에 펼쳐진 대초원이다. 아소 활화산과 함께 아소를 대표하는 관광명소이다. 아소 산에서 내뿜는 하얀 연기를 배경으로 방목하는 말과 소떼들이 풀을 뜯어 먹고 있는 광경을 자주 볼 수 있다.

9) 유후인

유후인

유후 시는 일본 오이타 현의 거의 중앙에 위치하는 시이며, 면적은 319.16 km², 인구는 35,000명 정도이다. 고도가 높은 산들이 둘러싸고 있고 시의 중앙에는 오이타 강이 흐르는 아름다운 마을이며, 1970년대 이후부터 온천이 개발되어 온천지로 유명하다. 마을의 건물 고도와 규모를 제한하고, 댐이나 대규모 리조트 개발에 반대하여 시골온천의 분위기를 고수한 것이 성공요인이 되었다.

❶ 긴린코

유후인 역에서 도보로 20분 정도의 거리에 있는 호수로 호수의 바닥에서 차가운 물과 뜨거운 물이 함께 솟아나는 호수이다. 또한 낮은 산으로 둘러싸여 있어서 호수에 산의 그림자가 드리워지는 아름다운 풍경을 볼 수 있다. 특히 새벽에는 호수의 수면에서 하얀 수증기가 피어올라 신비한 분위기를 연출하며, 아침이슬로 유명하다.

역에서 호수까지 가는 길에는 미야자키 하야오 작가의 캐릭터 상품을 판매하고 있는 가게와 천엔숍 등 다양한 상점과 온천 여관, 예술인들의 작품을 전시할 수 있는 갤러리 등이 밀집되어 있어 아기자기한 볼거리를 제공한다.

❷ 유후인 온천

유후인 온천 지역은 벳부와 더불어 용출량이 많은 온천 중 하나이다. 온천수는 염화물과 유황을 비롯하여 광물질을 많이 함유하고 있어 신경통, 류머티즘, 피부병에 효과가 있다고 알려져 있다. 벳부 온천 지역과는 다르게 조용한 분위기의 온천 지역이며, 마을은 미술관이나 아기자기한 상점들이 많아 한적하게 구경하기 좋다. 미야자키 하야오 작가의 센과 치이로의 행방불명의 배경이 된 곳이기도 하다.

10) 벳 부

벳부

일본 오이타 현의 중앙부에 있는 도시이며, 면적은 125.15km², 인구는 13만 명 정도로 오이타 현에서 두 번째로 인구가 많은 도시이다. 일본 1위를 자랑하는 온천수의 용출량으로 약 2,600개소의 온천이 있어 연간 4,500만 명의 관광객이 찾아오고 있으며, 온천은 관광과 산업뿐만이 아니라 생활에도 폭넓게 이용되고 있다. 인접하는 오이타 시와는 다카사키 산에 의해 분단되어 있지만 오이타 시내까지 JR로 15분 정도면 도착할 수 있어서 오이타 생활권에 속해 오이타 시의 베드타운 역할도 하고 있다.

❶ 가마토 지옥

가마토란 솥을 의미하는 단어로 돌 사이로 나오는 뜨거운 증기로 밥을 지어 신에게 바쳤다고 하여 붙여진 이름이다. 자욱한 연기 속에 여섯 개의 연못이 각각 온천수의 온도가 다르고 온도에 따라 각기 색을 달리하여 온

도가 낮을수록 푸른색을 띤다. 가마토 지옥 순례 중 맛볼 수 있는 온천 달걀과 일본 사이다 그리고 한 번 마시면 10년이 젊어진다는 온천수는 반드시 먹어 보아야 하는 것들이다.

❷ 유노하나

　벳부는 오이타 현에 속한 일본 최고의 온천도시이며, 벳부에 위치한 유노하나는 마치 우리나라의 초가집을 연상하게 한다. 에도시대부터 내려오는 전통적인 방식으로 온천성분 중 하나인 유황을 추출하여 입욕제, 비누 등 미용용품을 만들어 전시 판매하고 있다.

11) 후쿠오카

후쿠오카

후쿠오카 시는 후쿠오카 현의 북서부에 있는 현청 소재지이다. 면적은 341.11km², 인구는 150만 명을 넘어 일본에서 8번째, 규슈 지방에서는 첫 번째로 많은 도시이며, 규슈의 정치·경제·문화의 중추적 도시이다.

시 중심부를 흐르는 나카 강에 의해 서쪽의 후쿠오카와 동쪽의 하카타로 나누어져 있었으나, 1889년에 후쿠오카와 하카타를 통합하여 후쿠오카 시가 탄생하였다. 이때 통합 시의 이름을 무엇으로 할 것인지에 대한 충돌이 일어나서 시의 이름을 후쿠오카로 하는 대신에 철도역과 항구이름은 하카타로 하게 되었다. 하카타 항은 서일본의 원양어업 기지로서 어획량이 일본 내 2~3위를 차지한다.

❶ 다자이후텐만구

일본의 유명한 헤이안시대의 학자이며 시인, 정치가인 스가와라노 미치자네(菅原道眞)를 학문의 신으로 모시는 곳이다. 6,000그루 정도의 매화나무가 아름다운 이곳은 학문의 신을 모시고 있는 신사답게 매년 합격이나 학업 성취를 기원하는 참배객이 많이 모이는 곳으로 유명하다. 특히 입시철이면 합격 기원 부적을 사기 위해 일본 전역에서 수만 명의 인파가 몰려든다.

❷ 아사히 맥주 공장

후쿠오카에 위치해 있는 아사히 맥주공장은 일본 2위의 맥주 제조 회사의 공장으로 삿포로 맥주, 기린 맥주와 함께 일본 3대 맥주로 손꼽히고 있다. 1987년 아사히 슈퍼 드라이로 드라이 맥주의 열풍을 불러일으켰고, 이로 인해 당시 2위였던 삿포로 맥주를 누르고 2위 자리를 차지할 수 있었다. 사전 예약에 의해 아사히 맥주의 제조과정을 볼 수 있으며, 신선한 아사히 맥주를 맛볼 수 있다.

❸ 캐널시티

하나의 건물로 이루어진 것이 아니라 다양한 건물이 늘어서 있으며, 건물들 사이로 180m의 인공 운하를 흐르게 하여 자연친화적으로 설계한 후쿠오카 최대의 복합시설이다.

170여 개의 점포가 있는 쇼핑몰인 캐널시티 오파와 일본의 인기 있는 라면 가게가 밀집해 있는 라면 스타디움, 뮤지컬을 연중 관람할 수 있는 전용 극장인 후쿠오카 시티극장, 13개의 상영관을 갖춘 일본 최대의 영화관인 유나이티드 시네마 캐널시티 13 및 호텔, 레스토랑이 한 곳에 모여 있다. 단순한 쇼핑공간이 아닌 문화공간으로 다양한 이벤트와 문화행사가 열리는 공간이며 1996년 오픈 하였다.

Chapter 2

동남아시아

01

태국

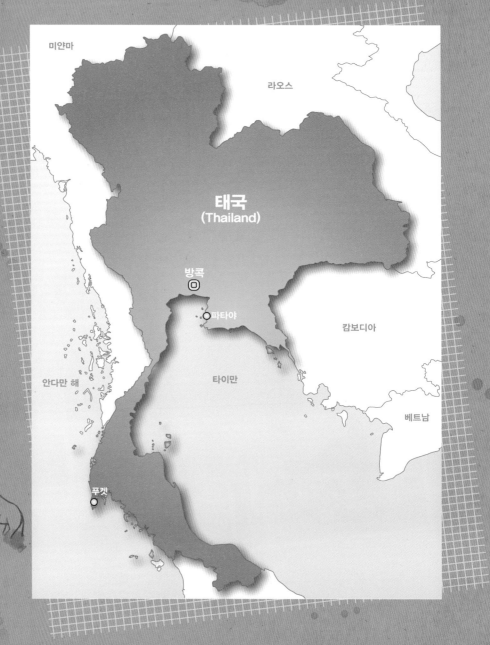

미얀마

라오스

태국
(Thailand)

방콕

파타야

캄보디아

안다만 해

타이만

베트남

푸켓

1 국가 개요

1) 개 요

정식국명	타이왕국(Kingdom of Thailand)
수 도	방콕
언 어	태국어, 영어(일부 관광지역)
민 족	타이족, 중국인, 말레이족
정치체제	입헌군주제
1인 GDP	$6,265 / 세계 89위(2017년 / IMF 기준)
빅맥지수	$3.5
위 치	동남아시아, 인도차이나반도
면 적	513,120km² / 세계 51위(CIA 기준)
기 후	열대성 기후(고온다습)
인 구	약 68,414,135명 / 세계 20위(2017년 / CIA 기준)
종 교	불교
통화·환율	바트(THB), 1바트 = 34원(2017년 10월 기준)
시 차	GMT +7
비행시간	인천 → 방콕(약 5시간 30분), 인천 → 푸껫(약 6시간 15분)

2) 지리적 특성

태국의 주변국은 미얀마, 라오스, 캄보디아가 있으며, 동남아시아 중심부에 위치해 있다. 면적은 대한민국(남한) 면적의 약 5배에 달한다. 국토의 약 28%가 삼림지대, 약 41%가 경작지로 구성이 되어 있다. 태국의 지형은 크게 네 개로 나뉘어진다. 산악과 산림의 북부지역, 평야의 중부지역, 준농경지의 북동부 고원지역, 열대섬과 긴 해안의 남부 반도지역으로 구분될 수 있다.

3) 기후

태국은 세 개의 계절로 나뉜 열대기후이다. 3월부터 4월까지 덥고 건조한 날씨를 보이며, 5월에서 10월까지는 비가 상대적으로 자주 오는 우기의 날씨를 보인다. 또한 11월에서 2월까지는 상대적으로 낮은 기온을 보인다.

방콕

월별 요소	1월	2월	3월	4월	5월	6월	7월	8월	9월	10월	11월	12월
최저기온 (℃)	21	23.3	24.9	26.1	25.6	25.4	25	24.9	24.6	24.3	23.1	20.8
최고기온 (℃)	32	32.7	33.7	34.9	34	33.1	32.7	32.5	32.3	32	31.6	31.3
강수량 (mm)	9	30	29	65	220	149	155	197	344	242	48	10

4) 문화

⬛ 음식

태국음식

태국의 음식은 향신료를 사용하여 독특한 맛을 내는 것이 특징이다. 또한 세계 6대 요리 중 하나로 불리며 전 세계 많은 사람들에게 사랑받는 음식이기도 하다. 태국의 주요한 음식으로는 똠양꿍, 카우 팟, 수끼, 팟 타이 등이 있다. 또한 태국의 맥주로는 싱하와 레오, 창이 등이 있는데 얼음잔에 맥주를 부어 마시는 것이 특징이다.

- 똠양꿍 : 태국의 대표음식으로 새우에 향신료와 소스를 넣고 끓이는 국물요리.
- 카우팟 : 해산물, 육류, 달걀 등을 사용하여 채소와 함께 볶는 태국식 볶음밥.
- 수끼 : 육수에 육류, 해산물, 채소, 당면 등을 넣고 익혀 먹는 태국식 전골 요리.
- 팟타이 : 쌀국수에 숙주나물을 넣고 볶는 태국식 국수.

축 제

쏭끄란

　매년 4월 13~15일에 열리는 축제이다. 태양력을 기준으로 새해를 맞는 의미에서 행해지는 축제로서 우리나라의 설날과 비슷하다. 축제 기간에는 사원에 가서 기도를 올리고 불상에 물을 뿌리며 음식을 공양한다. 매년 4월은 건기가 끝나고 우기가 시작되는 시점이며, 우기에 풍부한 비가 내려 농사가 잘 되길 기원하고 무더위를 식히는 의미와 축복을 기원하는 의미로 사람들에게 물을 부어주는 축제이다.

러이끄라통

　매년 11월 보름달이 뜨면 꽃으로 장식한 바나나잎에 초, 향, 동전을 실어 강에 띄워 보내며 소원을 비는 축제이다. 수코타이, 치앙마이 지역에서는 강에 바나나잎을 띄워보내는 대신에 풍등을 날리며 소원을 빈다.

5) 여행 정보

화 폐

　태국의 화폐단위는 바트(THB)라고 하며, 지폐로는 1,000바트, 500바트, 100바트, 50바트, 20바트, 10바트가 있고, 동전으로는 10바트, 5바트, 2바트, 1바트, 50사탕, 25사탕이 있다.

전압 및 콘센트

　태국의 전압은 우리나라와 마찬가지로 220V를 사용하고 있으며, 콘센트도 우리나라와 모양은 조금 다르지만 우리나라 전자제품을 그대로 사용할 수 있다.

2 관광지 정보

📖 대표 여행상품 🚙

상품명	여행 지역
방콕, 파타야 5일	왕궁, 수상시장, 새벽사원, 산호섬, 농눅빌리지 등
푸켓 5일	팡아만, 피피섬, 빠통 야시장 등

📖 방콕, 파타야 5일 일정 🚙

날짜	지역	교통편	세부 일정
제1일	인 천 방 콕	항 공	인천 출발 방콕 도착
제2일	방 콕 파타야	전용버스	방콕 관광(왕궁, 새벽 사원, 수상 시장, 에메랄드 사원) 파타야로 이동
제3일	파타야	전용버스	농눅 빌리지 관광 산호섬에서 자유시간
제4일	파타야 방 콕	전용버스 항 공	타이거 쥬, 파인애플 농장 관광 방콕으로 이동 방콕 출발
제5일	인 천		인천 도착

1) 방 콕

태국어로 '천사의 도시'를 의미하는 '끄룽텝'이라고 하며, 짜오프라야 강을 끼고 있는 태국 최대의 도시이자 태국의 수도이다. 중국 상인의 취락지대였던 방콕은 1782년 라마 1세에 의해 수도가 되었으며, 면적은 1,568.73km², 인구는 8백만 명을 넘어서 세계에서 22번째로 인구가 많은 도시이다.

　태국은 약 3천여 년 동안 독립을 지속해 온 독립왕국으로서 일찍이 불교문화를 받아들여 시내에는 300여 개의 크고 작은 사원이 있어서 태국의 전통을 엿볼 수 있는 문화유적을 형성하였고, 여기에 현대의 멋과 태국인 특유의 미소와 여유가 어우러져 세계의 관광객이 다시 찾게 되는 매력을 지니고 있다.

❶ 왕 궁

왕궁 & 에메랄드사원

　아유타야 왕조가 미얀마의 공격으로 멸망한 뒤 15년간 집권한 톤부리 왕조를 무너뜨리고 차끄리 왕조를 수립한 라마 1세에 의해 수도를 톤부리에서 방콕으로 옮기면서 1782년에 착공하여 1785년에 완공되었다. 짜오프라야 강의 동쪽 뚝에 자리 잡고 있으며, 길이가 1,900m나 되는 성벽으로 둘러싸여 있다. 라마 1세부터 역대 국왕들이 살았던 궁전과 누각, 사원 등 건축물들은 모두 금빛으로 찬란하게 장식되어 있다.

현재의 국왕인 라마 9세 푸미폰 아둔야뎃은 그의 형 라마 8세가 20세의 나이에 죽게 된 1946년 이후 이곳에 머물지 않고 치뜨랄다 궁에 거주하고 있다. 태국인들의 자부심이 베여있는 곳으로 반바지나 민소매 옷차림으로는 출입할 수 없다.

❷ 에메랄드 사원

태국 내 1,900개의 사원 중에서 가장 훌륭하고 성스러운 사원이다. 다른 사원과는 달리 승려가 관리하는 것이 아니라 왕이 직접 관리하여 사원 내에는 승려들이 거주하고 있지 않으며, 왕궁에 속해 왕실의 제사를 모시는 왕실 수호 사원이다.

중앙의 대웅전에는 높이 75cm, 폭 45cm의 녹색 옥으로 만들어진 프라께오라 불리는 에메랄드 불상이 있어서 '왓 프라께오'라고도 불리며, 국왕이 1년에 세 번씩 불상의 옷을 갈아입히는 의식을 진행한다. 사원에는 세 개의 출입문이 있는데, 중앙 문으로는 국왕과 왕비만이 출입할 수 있다. 태국 국민들에게 가장 신성시 되는 곳이기 때문에 노출이 심한 옷과 반바지, 슬리퍼 등의 차림으로는 출입이 불가능하다.

❸ 새벽 사원

새벽사원

톤부리 왕조 때 탁신 왕이 왕실 전용 사원으로 짜오프라야 강의 강변에 건설하였다. 현재 방콕 왕궁 건너편에 위치하고 있다. 태국어로는 '왓 아룬'이라고 부르는데, 왓은 '사원'을 의미하고 아룬은 '새벽'을 의미하며, 인도의 새벽신인 '아루나'에서 유래되었다고 한다.

경내에는 이층의 테라스 구조로 둘레가 234m에 달하는 좌대에, 높이 80m로 가장 큰 첨탑이 있고, 이를 중심으로 그 주위에는 높이 30m의 작은 첨탑 4개가 사방으로 배치되어 있다. 이 첨탑은 다양한 색깔의 자기로 장식되어 이른 아침의 햇빛에 반사되면 더욱 아름답게 빛나며, 야간에는 인공조명을 받아 다양한 빛을 발산하여 환상적인 분위기를 연출한다. 태국의 10바트 동전에

그려진 사원이다. 첨탑 맞은편에는 창건 당시의 본당 건물이 있으며, 그 안에 29개의 불상이 있다.

❹ 수상 시장

수상시장

방콕은 남북으로 365km를 흐르고 있는 짜오프라야 강이 관통하고, 방콕 중심부를 동서로 가로지르는 샌샙 운하 등 물이 풍부하여 예로부터 강과 운하를 끼고 주택과 상점들이 밀집되었고, 교통도 수상교통을 많이 이용하게 되었다.

새벽이 되면 강과 운하에는 식료품과 잡화 및 과일, 기념품 등을 실은 거룻배가 모여들어 수상 시장이 형성되면 손님들도 배를 타고 와서 물건을 구입해가는 이색적인 풍경을 볼 수 있다. 물가에는 수상가옥들이 즐비하게 있는데, 물에 잘 썩지 않는 야자수 나무로 만들어져 있으며, 지붕은 비가 내려도 바로 빗물이 흘러내릴 수 있도록 경사가 급하게 만들어져 있다. 집 앞의 강이나 운하에서는 물고기를 잡고 목욕을 즐기는 등 수상족들의 생활의 터전이다.

태국에서 가장 크고 유명한 수상 시장은 방콕 시내에서 남서쪽으로 110km 정도 떨어진 곳에 있는 담넌 사두억 수상 시장이다. 이 수상 시장은 아직도 현지인들끼리 실제로 거래가 이루어지고 있는 전통적인 수상 시장으로 관광객에게 과일이나 기념품만을 판매하는 대부분의 수상 시장과는 다르게 태국인들의 전통적인 생활모습을 볼 수 있다.

2) 파타야

　방콕에서 남동쪽으로 145km 정도 떨어져 있는 태국 남부지역 촌부리 주의 관광도시이며, 타이 만의 동쪽 해안에 있는 유명한 휴양도시이다. 면적은 22.2km², 인구는 10만 명을 넘으며, 파타야-촌부리 메트로폴리탄 지구의 중심 도시이기도 하다.

　수십 년 전만해도 작은 어촌에 불과했던 파타야는 1961년 베트남 전쟁 때 미국 공군기지인 우타파오 공항이 건설되면서 장병들의 휴양지로 개발되었으며, 현재는 짙푸른 바다와 하얀 모래사장이 야자수 나무와 어울려 아름다운 경치를 보여주고 있다. 해변을 따라 개발된 고급 호텔과 레스토랑 등을 볼 수 있으며, 밤이 되면 화려한 불빛을 밝히는 환락가로 변해 또 다른 모습을 볼 수 있다.

❶ 산호섬

산호섬

　태국 남부의 파타야 해안에서 약 10km 떨어진 곳에 있으며, 모래가 곱고 깨끗한 바닷물의 수심이 깊지 않아 산호초를 볼 수 있는 섬이다. 스노클링, 제트스키, 바나나보트, 패러세일링 등 각종 해양스포츠의 천국이며, 스쿠버다이빙도 가능하다. 주로 아침 일찍 파타야 해변에서 배를 타고 가서 해양 스포츠를 즐기다가 오후에 돌아오는 일정이다.

❷ 농눅 빌리지

200만 평에 달하는 대규모의 열대 정원으로 1980년도에 개장하여 이제는 파타야의 주요 관광지가 되었다. 평소에는 보기 어려운 진귀한 선인장과 난 종묘를 볼 수 있으며, 코코넛과 망고 등 열대식물들이 잘 가꾸어져 있다. 그러나 농눅 빌리지에서 더욱 흥미로운 것은 코끼리들이 자전거를 타고, 축구를 하며, 누워 있는 관광객들을 발로 안마도 해주는 코끼리 쇼와 태국 킥복싱 등을 보여주는 전통 민속 쇼 등을 관람하는 것이다.

농눅빌리지

타이거쥬

❸ 타이거 쥬

세계 최대 규모를 자랑하는 호랑이 공원으로 전 세계에 서식하는 다양한 종류의 호랑이를 볼 수 있다. 또한 정해진 시간에는 호랑이 쇼, 악어 쇼 등을 볼 수 있어서 관광객들에게 놀라움과 즐거움을 선사한다.

🖼 푸껫 5일 일정 🚗

날짜	지역	교통편	세부 일정
제1일	인 천 푸 껫	항 공	인천 출발 푸껫 도착
제2일	푸 껫	선 박	팡아만 관광(맹그로브 정글, 제임스본드 섬)
제3일	푸 껫	선 박	피피섬 관광 및 자유시간
제4일	푸 껫	전용버스 항 공	오전 자유시간 후 왓찰롱 사원, 빠통 야시장 관광 푸껫 출발
제5일	인 천		인천 도착

3) 푸 껫

푸껫 주는 인도양의 안다만 해역에 있는 태국 남부의 주로 태국에서 가장 큰 섬이다. 푸껫은 태국을 대표하는 해변 관광지로 방콕에서 남서쪽으로

891km 정도 떨어져 있지만 국제공항이 있어서 방콕에서 비행기로 1시간 20분이면 도착할 수 있다. 사라센 다리로 본토와 연결되어 방콕에서 차량을 이용하면 약 14시간 정도 소요된다.

푸껫은 산이나 언덕을 의미하는 말레이시아어의 '부킷^(bukit)'에서 유래된 것처럼 섬의 대부분이 산과 해변으로 이루어져 아름다운 해안선과 숲이 우거져 있다. 푸껫 섬은 넓이 550km²에 약 30만 명의 인구가 거주하며, 푸껫 섬의 남동쪽에 위치한 푸껫 시는 푸껫 주의 주도로 8만 명 정도의 인구가 살고 있다. 푸껫에서 생산되는 주석은 세계적으로 유명하다.

① 팡아만

푸껫 동부 해안 아우포 부두에서 배를 타고 2~3시간 가면 130여 개의 섬들이 모여 환상적인 경관을 연출하는 해상 국립공원이다. 섬들에는 곳곳에 종유동굴이 개발되어 있는데, 동굴 속은 다양한 야생 조류의 서식지로 진귀한 조류의 모습을 볼 수 있으며, 맹그로브 숲도 볼 수 있다.

팡아만 해상 국립공원의 섬 중에서 가장 크고 유명한 섬은 '카오 핑칸 섬'인데, 이 섬에서는 영화 '007시리즈'가 촬영되면서 '제임스본드 섬'이라는 애칭을 얻게 되었으며, 장동건과 이정재가 열연한 한국영화 '태풍'의 촬영지이기도 하다. 주위에는 해산물을 판매하는 식당들이 있어서 저렴한 가격에 싱싱한 해산물을 즐길 수 있다.

❷ 피피섬

피피섬

푸껫에서 동쪽으로 50km 떨어진 6개의 섬으로 이루어진 군도이지만 일반적으로 피피섬이라고 하면 사람들이 거주하고 일부 숙박시설이 있는 태국 최대의 섬으로 '피피돈'과 무인도인 '피피레이'를 말한다. 1983년 국립공원으로 지정되었고, 알파벳 'P'처럼 생겨 피피섬으로 불린다.

높이 솟은 기암괴석을 배경으로 에메랄드 빛 바닷물과 산호가루로 이루어진 고운 모래사장이 어우러져 경치가 아름답고, 적당한 수온과 형형색색의 다양한 열대어가 많이 서식하고 있어서 스노클링과 스쿠버다이빙 등 해양 스포츠의 천국이다. 피피섬은 레오나르도 디카프리오 주연의 '더 비치(The Beach)'의 촬영장소로 더욱 유명해진 섬이다. 피피레이에 있는 바이킹 동굴에서는 중국 황제의 아침 스프를 만들었던 제비집을 채취할 수 있다.

❸ 빠통 야시장

빠통 야시장

푸껫을 대표하는 해변의 이름이 '빠통'이며, 4km의 해변을 따라 호텔과 레스토랑, 나이트클럽, 상가들이 자리 잡아 푸껫 최고의 번화가가 형성되었다. 푸껫의 다른 비치에 비해 바닷물이 더 깨끗하지 못하고 해변의 아름다움은 떨어지지만 관광객들을 위한 편의시설이 많이 형성되어 있어서 많은 관광객들이 찾는 곳이다. 빠통 비치는 야간에 포장마차와 노점상들로 야시장이 형성되어 푸껫의 또 다른 볼거리와 즐길거리를 제공하고 있다.

❹ 왓찰롱 사원

푸껫에 있는 29개의 불교사원 중에서 가장 크고 화려하게 태국의 전통 양식으로 건축되었으며, 붉은색의 지붕이 강렬한 인상을 준다. 사원의 본당에는 라마 5세 때인 1876년 주석광산에서 일하던 중국인 노동자들이 무리한 노동력 착취에 대항하여 싸우면서 상처를 입은 광부들을 치료해 준 루안포차엠과

후에 절을 건축한 루안포추안, 루안포클루안 세 스님의 황금불상이 있다. 사원 내부에서 세 스님의 모습이 그려진 목걸이를 판매하고 있는데, 태국 사람들은 이 목걸이를 목에 걸고 다니면 질병으로부터 자신들을 지켜준다고 믿고 있다.

02

캄보디아

태국

라오스

뽀이펫

씨엠립

캄보디아
(Cambodia)

프놈펜

베트남

타이만

태평양

Ⅰ 국가 개요

1) 개 요

정식국명	캄보디아 왕국(Kingdom of Cambodia)
수 도	프놈펜(Phnom penh)
언 어	크메르어
민 족	크메르족, 베트남, 중국, 참족
정치체제	입헌군주제, 의원내각제
1인 GDP	$1,309 / 세계 153위(2017년 / IMF 기준)
빅맥지수	맥도날드 매장이 없음
위 치	인도차이나반도 동남쪽
면 적	181,035km^2 / 세계 90위(CIA 기준)
기 후	열대몬순 기후(고온다습)
인 구	약 16,204,486명 / 세계 68위(2017년 / CIA 기준)
종 교	불교
통화·환율	리엘(KHR), 500리엘 = 135원(2015년 06월 기준)
시 차	GMT+7
비행시간	인천 → 씨엠립(약 6시간)

2) 지리적 특성

동남아시아 인도차이나반도 동남쪽에 위치한 나라이며, 주변국으로는 라오스, 태국, 베트남과 국경을 마주하고 있다. 남서쪽과 북쪽의 산맥을 제외하면 대부분 저지대 평원으로 되어 있고, 국토의 남북을 가로지르는 메콩 강과 톤레삽 호수가 있다. 면적은 대한민국(남한) 면적의 약 1.8배이다.

3) 기 후

주변 동남아 국가와 마찬가지로 열대몬순 기후이다. 1년 내내 덥고 따뜻한 날씨가 계속된다. 우기는 4월부터 10월, 건기는 11월부터 다음 해 3월까지이다. 12~1월이 1년 중 가장 낮은 기온을 보인다.

씨엠립

요소 \ 월별	1월	2월	3월	4월	5월	6월	7월	8월	9월	10월	11월	12월
최저기온 (℃)	19.7	20.8	26.1	25.1	25.4	24.8	24.8	25	24.5	23.9	22.4	20.3
최고기온 (℃)	32	33.3	34.6	35.5	35.2	33.5	32.7	32	32.2	31.3	30.6	31
강수량 (mm)	0.7	3.5	28	61.2	175.9	221.3	236.6	151	276.1	248	81.7	10.1

4) 문 화

음 식

캄보디아 음식은 베트남, 태국 등 주변국의 음식문화와 비슷하다. 찰기가 없는 안남미를 주식으로 하며, 톤레삽 호수에서 나오는 많은 어패류들을 이용한 요리들이 많이 있다. 주요 요리로는 발효시킨 생선이라는 뜻인 쁘라혹과 코코넛 밀크를 이용한 찌개 아목, 닭고기를 이용한 볶음밥 바이무언 등이 있다. 또한 캄보디아 맥주인 앙코르맥주도 유명하다.

축 제

본 쫄츠남 트마이

매년 4월 13~15일에 열리는 축제이다. 태양력을 기준으로 새해를 맞는 의미에서 행해지는 축제로서 우리나라의 설날과 비슷하다. 추수기의 마지막을 축하하고 수확한 과일을 먹으며 우기가 되기 전 휴식을 취한다. 이 기간 동안 전통놀이 등을 하며 축제를 즐긴다.

쁘쭘벤(영혼의 날)

죽은 영혼을 달래기 위한 축제로 매년 9월 말에서 10월 사이에 보름간 열리는 축제이다. 각 가정에서는 자신들이 다니는 사원으로 가서 승려들에게 음식을 공양한다. 또한 조상, 친척 등 굶주린 영혼에게 음식을 공양하기도 한다.

물 축제

매년 11월에 열리는 축제로 이 축제는 어로의 시작을 알리며, 톤레삽 호수의 썰물시기 및 조류의 변화를 기리고, 풍부한 어패류를 제공하는 메콩 강에게 감사를 표시하는 의미를 가지고 있는 축제이다.

5) 여행 정보

화 폐

캄보디아 화폐는 리엘(KHR)이라고 불리며, 지폐로는 100,000리엘, 50,000리엘, 20,000리엘, 10,000리엘, 5,000리엘, 2,000리엘, 1,000리엘, 500리엘, 100리엘, 50리엘이 있다.

전압 및 콘센트

캄보디아 전압은 220V, 50Hz이며, 콘센트도 우리나라와 모양은 조금 다르지만 우리나라 전자제품을 그대로 사용할 수 있다.

② 관광지 정보

📖 대표 여행상품 🚗

상품명	여행 지역
씨엠립, 앙코르와트 5일	씨엠립(앙코르톰, 타프롬 사원, 앙코르와트, 톤레삽 호수, 바라이 호수 등)
방콕, 씨엠립 5일	방콕, 아란야, 포이펫, 씨엠립(앙코르톰, 타프롬 사원, 앙코르와트, 톤레삽 호수 등)
하노이, 씨엠립 5일	하노이, 하롱베이, 씨엠립(앙코르톰, 타프롬 사원, 앙코르와트, 톤레삽 호수 등)

📖 씨엠립, 앙코르와트 5일 일정 🚗

날짜	지역	교통편	세부 일정
제1일	인천 씨엠립	항공	인천 출발 씨엠립 도착
제2일	씨엠립	전용버스	초기 유적지 롤로오스 유적군, 현지 민가, 반데스레이 사원 등 관광
제3일	씨엠립	전용버스	앙코르톰(앙코르톰 남문, 바이욘 사원, 레퍼왕단상, 코끼리 테라스 등), 타프롬 사원, 앙코르와트 등 관광 압살라 민속 디너쇼 관람
제4일	씨엠립	전용버스 항공	톤레삽 호수, 바라이 호수 등 관광 씨엠립 출발
제5일	인천		인천 도착

1) 씨엠립(Siem Reap)

캄보디아 서북쪽에 위치한 씨엠립 주^(州)의 주도^(州都)이며, 씨엠립이라는 이름은 시암^(지금의 태국)을 격퇴시켰다는 의미를 담고 있다. 앙코르톰, 앙코르와트 등과 같은 앙코르 유적군과 약 5km 가량 떨어져 있는 교통의 요충지로서, 이 지역 관광의 거점 도시이다. 이 지역에서는 9세기에서 13세기에 이르는 100 여 개의 사원이 발견되었다.

오늘날의 씨엠립은 앙코르 유적지를 방문하는 관광객들로 붐비는 캄보디아 최고의 도시로 성장하였다. 앙코르 유적지를 찾는 관광객들은 대부분 씨엠립 국제공항을 통하거나 태국과의 육로를 통하여 입국하고 있다. 씨엠립은 앙코르 유적이 복원되면서 관광객들이 급증하게 되었고, 현대식 호텔과 건축물들이 급증하면서 발전을 거듭하는 관광도시로 변모하고 있다.

❶ 앙코르톰(Angkor Thom)

12세기 후반에 자야바르만 7세에 의해 건립된 크메르 제국의 마지막 수도이며, 캄보디아를 대표하는 유물군이다. 앙코르톰은 $9km^2$ 면적을 차지하고 있으며, 앙코르톰의 중심부에는 자야바르만의 상^(또는 관음보살상이라는 설)이 있는 바이욘 사원이 있다. 그 주변으로 코끼리 테라스, 문둥왕의 테라스, 프레아 피토우 등의 유적이 남아 있다.

앙코르는 고대 인도의 산스크리트어로 '도시'를 뜻하고, 톰은 크메르어로 '크다'를 의미한다. 즉, 앙코르톰은 '거대한 도성'이라는 의미를 갖고 있다. 앙코르톰은 앙코르와트와 함께 앙코르 문화의 쌍벽을 이루는 곳으로 앙코르와트에서 북쪽으로 1.5km 떨어져 있다. 한 변이 3km의 정사각형 모양인 앙코르톰의 주변은 3km의 해자^(수로)와 적색 라테라이트 토양성분으로 만들어진 8m 높이의 성벽으로 둘러싸여 있으며, 내부로 통하는 5개의 성문이 배치되어 있다.

외부로는 남문, 북문, 서문, 사자^(死者)의 문 그리고 승리의 문 등 5개의 문으로 연결되어 있다. 각 성문은 탑의 형태로 조성되어 있으며, 탑문의 상층부 사방에는 관세음보살상이 조각되어 있다. 또 문으로부터 수로를 연결하는 다리의 난간에는 나가(Naga)의 상과 아수라상들이 조각되어 있다. 앙코르톰은 주위의 유적군과 함께 세계유산으로 등재되어 있다.

앙코르톰

🎈 앙코르톰 성문(Angkor Thom Gate)

앙코르톰에는 남문, 북문, 서문, 승리의 문, 사자(死者)의 문 등 5개의 성문이 있다. 남문, 북문, 승리의 문 입구는 폭 130m의 해자(수로)에 놓인 다리로 이어진다. 성문은 탑의 형태로 조성되었으며, 상층부의 4면에는 관음보살상(또는 자야바르만 7세를 상징한다는 설)이 조각되어 있다. 관광객들은 남문을 통해 안으로 들어갈 수 있다.

🔍 바이온(Bayon) 사원

앙코르톰의 중심부에 자리 잡고 있는 거대한 바위산 모양의 핵심 사원으로 동서 160m, 남북 140m의 웅장한 규모를 자랑한다. 동서남북 각 성문으로부터는 약 1.5km 지점에 위치한다. 앙코르시대는 9~15세기의 크메르(Khmer) 왕조시대를 말하는데, 초기에는 힌두교를 믿고, 중반 이후에는 불교를 국교로 믿으면서 뛰어난 건축물과 조각 유적을 많이 남겼다. 유적군은 사암을 산의 형상으로 올려 쌓은 것으로 수미산을 상징하는 것으로 알려지고 있다.

바이온은 캄보디아 앙코르 유적군 중의 하나로 힌두교와 불교 혼합의 사원유적이다. 바는 '아름답다', 욘은 '탑'을 의미한다. 이곳에는 모두 54기의 석탑이 있는데, 탑의 4면에는 각각 자애로운 미소를 띠고 있는 216개의 관음보살상이 조각되어 있다. 자애롭고 신비로운 미소로 인해 '크메르의 미소, 앙코르의 미소'로 불리고 있다. 그런데 이 얼굴의 주인공을 두고 바이온 사원을 건설한 자야바르만(Jayavarman) 7세(1181~1220년)라

는 주장과 관세음보살이라는 주장이 함께 있다.

1층 회랑 벽면에는 당시 서민들의 생활상을 비롯하여 타이족의 한 부류인 참족과의 전투장면 등이 생생하게 조각되어 있기도 하다.

🎈 바푸온(Baphuon) 사원

앙코르 유적지에서 앙코르와트에 이어 두 번째로 큰 사원으로 동서 120m, 남북 100m, 높이 34m의 규모이다. 원래 가장 큰 종교 사원으로서 왕과 국가 공식사원이었으나, 후에 바이욘 사원이 지어지면서 그 지위를 넘겨주었다. 힌두교 신화 속 지상과 천상을 연결하는 무지개 다리를 재현한 참배로가 입구에서 성소까지 이어져 있다. 크메르 제국의 국가 신전이자 힌두교 사원의 중심으로 중요한 역할을 했다.

토양이 모래질인 탓에 용도가 불교 사원으로 바뀐 15세기 무렵에 이미 붕괴가 상당히 진행된 것으로 추정되며, 이후 제국의 몰락과 함께 밀림 속 폐허로 변했다. 1960년 프랑스 유적팀이 복원 공사를 시작해 2011년 7월에 50년간의 복원 끝에 제 모습을 찾은 바푸온 사원이 일반 관광객들에게 전면 개방되었다.

🎈 피메아나카스(Phimeanakas) 사원

'하늘 위의 궁전'이라는 이름으로 불리는 왕실 사원이다. 제일 하단에서부터 상단까지의 양식이 달라 오랜 시간을 거쳐 지어졌다고 판단되고 있다. 3단의 층으로 된 사원의 꼭대기에 이르면 바푸온 사원의 웅장한 모습을 볼 수 있다.

🎈 코끼리 테라스(Terrace of the Elephants)

바이욘 사원으로부터 약 200m 떨어진 곳에 10세기 말 자야바르만 1세에 의해 건축되었던 목조건물의 왕궁이 있었으나 현재 형태는 남아 있지 않다. 이 왕궁 터 앞에는 넓은 광장이 있는데, 자야바르만 7세가 전쟁에 나가는 군대를 사열하고, 승리하고 돌아오는 군대를 맞이하던 곳이다. 바로 이 광장 동쪽에 12세기 말 자야바르만 7세가 조성한 높이 3.5~4m, 길이 350m의 사열대인 코끼리 테라스가 남아 있는데, 길게 늘어선 벽면에 코끼리 모양의 부조가 연달아 새겨져 있어 이런 이름이

붙여졌다.

　벽면에는 실물크기의 코끼리와 군대의 행렬, 새의 신 가루다가 조각되어 있으며, 테라스 난간에는 7개의 머리를 가진 뱀신 나가가 장식되어 있다. 계단의 한쪽에는 머리가 3개인 코끼리 신 에라완이 긴 코로 연꽃을 들어 올리는 모습이 조각되어 있다. 이 테라스 부근에 '승리의 문'이 있으며, 전쟁에서 승리하고 돌아온 군대가 이곳을 통해 들어와 왕에게 보고하는 곳이었다고 한다.

❷ 타프롬(Ta Prohm) 사원

　앙코르톰으로부터 동쪽으로 약 1km 거리에 위치해 있다. 12세기 말~13세기 초에 걸쳐 자야바르만 7세가 앙코르톰을 만들기 전에 어머니의 극락왕생을 비는 마음에서 건립한 불교사원이다. 타프롬은 '브라마의 조상'이라는 의미를 갖고 있다. 앙코르톰 승리의 문을 통해 이어지며, 사원의 규모는 동서 1km, 남북 600m로 앙코르 유적 중 가장 크다.

　당시 이 사원을 관리하기 위해 2,500명의 성직자와 12,000명의 하급 성직자

타프롬사원

가 관리할 정도로 영화를 누렸
다고 한다. 그러나 지금은 무
화과, 보리수 등의 커다란 나
무뿌리가 벽과 지붕을 휘감고
있는 형태로 서서히 파괴되어
가고 있는 모습에서 자연의 위
용과 함께 역사의 신비감이 느
껴진다. 안젤리나 졸리가 주연
한 영화 '툼레이더' 촬영지로
알려지면서
더욱 유명해
졌다.

❸ 앙코르와트(Angkor Wat)

앙코르와트

앙코르 유적 중 대표적인 사원으로서 앙코르톰으로부터 남쪽으로 약 1.5km 지점에 위치해 있다. 앙코르는 '왕도(王都)', 와트는 '사원'을 뜻하며, 앙코르 유적지 중 보존상태가 가장 양호하다. 캄보디아의 크메르 왕국은 9~15세기까지 약 6백여 년간 인도차이나반도를 장악하는 대제국을 형성하고 있었다. 당시 크메르족은 왕이 죽으면 그가 믿던 신과 합일(合一)한다는 신앙을 가졌으며, 왕은 자기와 합일하게 될 신의 사원을 건립하는 풍습이 있었다. 이 사원은 앙코르 왕조의 전성기를 이룬 12세기 초에 수리야바르만 2세가 브라만교(힌두교)에서 평화의 신으로 불리는 '비슈누'와 합일하기 위하여 30년에 걸쳐 건립한 브

라만교 사원이다. 그러나 17세기에 와서 캄보디아 국교가 힌두교에서 불교로 바뀌면서 브라만교의 신상(神像)이 파괴되고 불상이 모셔지게 됨에 따라 불교사원으로 보이기도 하지만 건물·장식·부조 등 모든 면에서 브라만교 사원의 양식을 따르고 있다.

사원 입구는 서쪽을 향하고 있다. 이는 해가 지는 서쪽에 사후세계가 있다는 힌두교 교리에 의한 것으로 왕의 사후세계를 위한 사원임을 짐작하게 한다. 사원 전체를 둘러싸고 있는 돌벽의 길이는 동서 1.5km, 남북 1.3km이며, 그 주변을 폭이 190m이고 둘레 길이가 3.6km인 해자(연못)가 둘러싸고 있다. 190m의 다리를 건너 참배로를 따라 475m쯤 가면 중앙사원에 다다르게 된다. 사원은 총 3중의 회랑으로 둘러싸여 있는데, 각 회랑의 높이는 1회랑이 4m, 2회랑 12m, 3회랑 25m로 안으로 들어갈수록 높아진다. 1회랑은 미물계, 2회랑은 인간계, 3회랑은 천상계를 상징하고 있다. 1회랑의 돌벽

에는 신화 속 전쟁, 군사들의 모습 등 크메르 왕국의 역사와 힌두교 신화를 주제로 한 조각이 새겨져 있다. 2회랑의 벽면에는 아름다운 자태로 춤을 추는 천상의 무희 '압사라'의 모습이 새겨져 있다. 중앙신전의 높이는 약 60m이며, 신전에 오르는 계단의 각도는 약 70도가 될 정도로 가파르고 폭이 매우 좁아 기어 올라가야 한다. 더욱이 오랜 시간의 흐름과 많은 관광객들의 방문으로 인하여 계단이 마모되어 있다. 이와 같이 중앙신전에 오르는 길을 험난하게 만들어 놓은 이유는 인간의 세계에서 바라본 신의 세계에 대한 신성함을 나타낸 것이라 한다. 중앙신전에 위치한 5개의 탑들은 힌두교에서 '세상의 중심'을 뜻하는 상상의 산인 '수미산'을 상징하고 있다.

앙코르 왕조는 13세기 말부터 쇠망하기 시작하여 15세기경에는 완전히 멸망함에 따라 앙코르와트도 정글 속에 묻혀 버렸다. 이후 1861년 표본 채집을 위해 이곳의 정글에 들른 프랑스 박물학자 앙리무어에 의해 발견되어 그때부터 다시 알려지게 되었다. 그러나 이 지역은 근대에 와서 베트남과의 전쟁, 내전 등의 과정에서 전화(戰禍)와 약탈로 훼손되어 수많은 불상이 조각난 채 나뒹굴고 대부분이 외국으로 유출되어 완전한 복구는 어려운 상태이다. 앙코르와트는 1992년 유네스코 세계문화유산으로 지정되었다.

❹ 프놈바켕(Phnom Bakheng) 사원

앙코르와트와 앙코르톰 사이의 높이 67m의 바켕산에 위치한 힌두사원이다. 앙코르와트보다 2세기 앞서 건축되었으며, 프놈바켕의 전성기 때는 이 지역의 주요 사원이었다고 역사학자들은 추측하고 있다. 프놈바켕은 수미산을 상징하며, 원래 중앙에 5개의 탑을 포함해 109개 탑이 있었다. 중앙의 5개 탑 아래 5개 각 단에 벽돌로 된 작은 탑들이 12개씩 둘려져 있는데, 이것은 12간지를 의미한다. 현재 사원은 파손 정도가 심하여 복구가 거의 불가능한 상태이나 산 정상의 평평한 언덕은 앙코르 유적지 주변 풍경을 만끽하기 좋은 장소이다. 요즘에는 남동쪽으로 1.5km 떨어진 정글 한가운데 위치한 앙코르와트와 어우러진 석양 노을과 일몰을 구경하는 장소로 더 유명해졌다.

❺ 톤레삽(Tonle Sap) 호수

톤레삽호수

씨엠립에서 남쪽으로 15km 정도 가다보면 마치 바다라고 착각할 만큼 넓은 호수가 눈앞에 펼쳐진다. 호수의 길이가 160km, 너비 36km에 이르며, 면적이 건기에는 2,600km^2, 우기에는 최대 130,000km^{2}로써 동남아시아 최대의 호수이다. 이와 같이 톤레삽은 우기와 건기의 면적 차이가 크다.

호수와 그 주변에는 물 위에 마을을 형성해서 살아가고 있는 수상마을이 있으며, 관광객들은 보트를 이용하여 이들의 생활모습을 자연 그대로 볼 수 있다. 호수에는 풍부한 민물어류들이 서식하고 있으며, 이러한 자원은 물새나 수상 동물들에게 최적의 환경을 제공하고 있다. 또한 캄보디아 수도인 프놈펜과의 주요 수로로 이용되고 있다. 앙코르 유적지를 방문하는 관광객들 중에 많은 수가 찾으면서 씨엠립의 대표적인 관광지 중 하나가 되었다.

❻ 압사라 민속쇼(Dancing Apsaras)

캄보디아의 전통무용 공연으로 압사라는 춤추는 여신 또는 천상의 무희를 뜻하는 말로 캄보디아의 전통 춤을 말한다. 전통악기와 함께 느리면서도 섬세하며, 움직임 하나하나에 뜻이 담겨져 있는 이 춤은 힌두교의 전설에서 그 내용을 따온 것이 많다. 공연장마다 차이가 있지만 4~5장의 공연으로 나누어지며, 춤의 동작은 왕자, 공주, 거인, 원숭이 등의 4가지 주체에 의해서 변화된 모습을 보여준다. 춤의 내용은 주변 환경과 청춘남녀의 사랑이 중심이 되며, 각 장마다 지방 민속춤, 전통의상 및 악기를 선보인다. 무희들의 모습은 앙코르 사원의 벽화에서 보는 압살라 무희들의 손 모양과 닮아 있다.

2) 포이펫(Poipet)

캄보디아와 태국은 육로로 연결되어 있다. 씨엠립을 방문하는 데 있어서 태국의 국경도시 아란야를 통해 캄보디아 측 국경도시 포이펫으로 입국할 수 있다. 이와 같이 태국에서 육로를 이용하여 씨엠립의 앙코르와트를 방문하는 경우에 통과하게 되는 도시이다. 이곳은 국경도시답게 어수선하며 지방의 소도시의 모습을 띠고 있다. 이와 같은 배경으로 인해 태국 문화의 영향을 많이 받은 지역이며, 화려

한 카지노 호텔을 볼 수 있다. 카지노 호텔들은 시설에 비해 저렴한 편이므로 방콕을 통해 육로로 입국하는 관광객들의 중간 기착지 역할을 하고 있다.

포이펫

3) 프놈펜(Phnom Penh)

캄보디아의 수도이며 정치 · 경제의 중심지로서 메콩 강과 톤레삽 강의 합류지점에 위치해 있다. 크메르 민족의 왕조는 현재의 씨엠립 지역에 있었는데, 15세기에 서쪽 이웃인 타이의 공격을 피하여 처음으로 프놈펜에 왕도를 정했다.

03

싱가포르

조호바루

말레이시아

싱가포르
(Singapore)

싱가포르

싱가포르 해협

바탐

빈탄

1 국가 개요

1) 개 요

정식국명	싱가포르 공화국(Republic of Singapore)
수 도	싱가포르
언 어	영어, 중국어, 말레이어, 타밀어
민 족	중국계, 말레이계, 인도계
정치체제	내각책임제
1인 GDP	$51,431 / 세계 11위(2017년 / IMF 기준)
빅맥지수	$4.06
위 치	동남아, 적도 근처
면 적	697km^2 / 세계 192위(CIA 기준)
기 후	열대성 기후(고온다습)
인 구	약 5,888,926명 / 세계 113위(2017년 / CIA 기준)
종 교	불교, 기독교, 이슬람교, 도교, 힌두교
통화·환율	싱가포르달러(SGD), 1SGD = 832원(2017년 10월 기준)
시 차	GMT+7
비행시간	인천 → 싱가포르(약 6시간 30분)

2) 지리적 특성

싱가포르는 동남아시아에 위치해 있으며, 말레이반도의 최남단에 위치해 있다. 싱가포르 섬과 약 60여 개의 작은 섬들로 이루어져 있는 나라이다. 또한 해상교통의 중요한 지점에 자리 잡고 있어 동서무역의 중심지이다.

3) 기 후

싱가포르의 기후는 전형적인 열대성 기후로 고온다습한 날씨를 보인다. 또한 우기와 건기로 나뉜다.

싱가포르

월별 요소	1월	2월	3월	4월	5월	6월	7월	8월	9월	10월	11월	12월
최저기온 (℃)	23.1	23.5	23.9	24.3	24.6	24.5	24.2	24.2	24.2	23.9	23.6	23.3
최고기온 (℃)	29.9	31	31.4	31.7	31.6	31.2	30.8	30.8	30.7	31.1	30.5	29.6
강수량 (mm)	198	154	171	141	158	140	145	143	177	167	252	304

4) 문 화

음 식

싱가포르 음식은 퓨전음식이라고 할 만큼 중국, 말레이, 인도, 페라나칸 등 여러 나라의 음식들이 혼합된 음식이다. 대표적인 요리로는 스팀보트, 몽골리안 바베큐, 칠리크랩, 페퍼크랩, 차콰이테우, 피시 헤드 커리, 카야 토스트 등이 있다. 또한 싱가포르 슬링은 싱가포르의 대표적인 칵테일이며, 타이거 맥주는 싱가포르 사람들뿐만 아니라 세계적으로 유명한 맥주이다.

- 차콰이테우 : 칼국수처럼 생긴 넓적한 국수에 다진 고기, 숙주나물 등 야채를 넣고 볶는 요리.
- 스팀보트 : 냄비와 같은 큰 그릇에 육수를 끓이며, 해물, 고기, 어묵, 두부, 유부, 국수, 야채 등 각자의 기호에 맞는 다양한 재료를 끓는 국물에 넣고 익혀서 꺼내 먹는 일종의 전골요리.
- 몽골리안 바비큐 : 뷔페식으로 마련된 장소에서 각자의 기호에 맞추어 각종 고기와 야채, 양념 등을 자신의 그릇에 담아 주방에 전달하면, 큰 철판에 즉석으로 익혀서 요리한 후 본래의 그릇에 담아 제공되는 일종의 철판볶음 요리. 본래 몽골전쟁 때 군사들의 빠른 식사와 고단백질 섭취를 위해 개발된 음식.

🎫 축 제

　싱가포르는 많은 전시회와 이벤트를 하는 것으로 유명하며, 대규모 컨벤션센터가 있는 것으로도 유명하다. 대표적인 축제 및 이벤트는 그랑프리 시즌 싱가포르와 음력설 경축행사 등이 있다.

5) 여행 정보

🎫 화 폐

　싱가포르 화폐는 싱가포르달러(SGD)라고 불리며, 지폐로는 2싱가포르달러, 5싱가포르달러, 10싱가포르달러, 50싱가포르달러, 100싱가포르달러, 1,000싱가포르달러, 10,000싱가포르달러가 있고, 동전으로는 1센트, 5센트, 20센트, 50센트, 1싱가포르달러가 있다.

🎫 전압 및 콘센트

　싱가포르의 전압은 220~240V, 50Hz이며, 콘센트는 세 개의 구멍이 있는 콘센트를 사용하므로 싱가포르를 방문 시에는 별도의 멀티어댑터가 필요하다.

② 관광지 정보

📖 대표 여행상품 🚗

상품명	여행 지역
싱가포르, 빈탄 5일	빈탄 섬, 보타닉 가든, 주롱새 공원 등
싱가포르, 바탐, 조호바루 5일	바탐 섬, 조호바루, 보타닉 가든, 주롱새 공원 등

🗒 싱가포르, 빈탄 5일 일정 🚗

날짜	지역	교통편	세부 일정
제1일	인천 싱가포르	항 공	인천 출발 싱가포르 도착
제2일	싱가포르 빈 탄	전용버스 선 박	싱가포르 시내관광(보타닉 가든, 주롱 새 공원, 오차드 로드, 차이나타운, 머라이언 공원) 빈탄으로 이동
제3일	빈 탄		자유시간
제4일	빈 탄 싱가포르	선 박 전용버스 항 공	싱가포르로 이동 센토사 섬 관광 마리나 베이 샌즈 호텔, 가든스 바이 더 베이, 싱가포 르 플라이어, 클락키와 보트키 싱가포르 출발
제5일	인 천		인천 도착

1) 싱가포르

동남아시아 말레이반도 최남단에 있는 공화국이자 서울 시의 1.18배 정도의 섬으로 이루어진 도시국가이다. 1819년 이후 영국의 식민지가 되어 영국의 무역 거점으로 개발되었다. 1963년 말레이시아 연방에 속하기도 하였으나 인종과 경제적 문제로 인하여 1965년 8월 9일에 분리하여 독립 공화국이 되었다.

1959년 제1회 입법의회 선거에서 인민행동당의 리콴유(李光耀)가 싱가포르 자치정부 총리가 되면서 정치적 안정과 경제적 발전을 이룩하였으며, 깨끗하고 잘 정돈된 도시 국가 전체는 마치 잘 보존된 정원과 같은 이미지를 주어 많은 관광객들이 찾고 있는 곳이다.

❶ 보타닉 가든

1859년 현재의 위치에서 개관하여 1874년부터 싱가포르 정부에서 직접 관

보타닉가든

리하기 시작한 국립 식물원이다. 도심 속에서 광대
한 부지에 수만 그루의 수목이 무성하게 자라고 있어
시민들의 쉼터로 사랑받고 있다. 야자수를 비롯한
열대림, 장미류, 양치류, 난초류, 사막식물이 자라고
있으며, 물새들의 놀이터인 큰 호수도 있다.

❷ 주롱 새 공원

주롱새공원

　　1971년에 공업 단지였던 싱가포르 서부의 주롱 언덕 중앙에 개장한 세계 최대의 야생 조류 공원이다. 20.2ha에 400여 종의 새가 5천여 마리 서식하고 있다. 주롱 새 공원에서는 남극을 재현한 무대에서 펼쳐지는 펭귄 퍼레이드, 음악과 함께 이동하는 홍학 무리 등도 볼 수 있다.

　　이곳에서 가장 흥미로운 것은 잘 조련된 새들이 노래를 하고, 조그마한 자전거를 타며, 관람객들이 들고 있는 지폐를 물고 오는 모습 등을 볼 수 있는 새 쇼로 가장 인기가 높다. 주롱 새 공원은 새를 테마로 하는 단순히 즐기기 위한 공원이 아니라 조류 연구센터를 운영하여 멸종 위기에 처한 희귀 조류를 보호하는 활동에도 앞장서고 있다.

❸ 오차드 로드

싱가포르의 1.5km에 달하는 쇼핑 중심가로 대형 쇼핑몰이 몰려 있는 곳이다. 세계적 명품부터 고급 브랜드 제품 및 저가의 상품까지 다양한 쇼핑이 가능한 곳이다. 특히 DFS가 위치하고 있어 면세품을 구입하러 오는 관광객들도 많다.

❹ 차이나타운

19세기경에 싱가포르로 이주한 중국계 사람들이 터를 잡기 시작하면서 생성된 지역이다. 이곳에서는 싱가포르 인구의 약 75%를 차지하는 중국인의 이주 역사와 중국인의 전통을 느낄 수 있는 곳이다. 현재는 고급 레스토랑과 카페도 많이 있으며, 쇼핑가가 형성되어 중국에서 들여온 차와 한약재, 전통 의상과 수공예품, 도자기, 칠기 등을 판매하는 상점들이 있다.

❺ 머라이언 공원

머라이언공원

머라이언 상은 머리는 사자(lion)이고 몸은 인어(mermaid)인 상상속의 동물상으로 싱가포르의 상징물이다. 싱가포르 강과 바다가 만나는 곳에 위치하여 물을 뿜어내고 있는 머라이언 상을 볼 수 있는 도심 속의 공원이다. 1972년 총리인 리콴유가 처음 만들었으며, 2002년에 지금의 위치로 옮겨졌다. 높이 8.6m, 무게 70t에 이른다. 밤에 조명을 받으면 검은색 바다와 하얀색 머라이언 상이 어울려 더욱 멋진 모습을 연출한다.

❻ 센토사 섬

싱가포르 본섬에서 남쪽으로 약 800m 거리이며, 면적은 동서로 4km, 남북으로 1.6km 정도 된다. 센토사라는 이름은 말레이어로 '평화와 고요함'을 의미한다. 1970년대까지 영국의 군사기지가 있던 장소에 싱가포르 정부에서 조성한 대규모 관광단지이다.

높이 8.3m, 깊이 36m의 유리패널에서 200마리가 넘는 상어와 가오리, 투명한 해파리 등 다양한 물고기들을 마치 바다 속에서 보고 있는 듯 착각을 하게 하는 세계 최대 규모의 아쿠아리움, 공원 남쪽에 있는 야외 공연장에서 레이저 쇼와 함께 음악에 따라 분수가 멋진 공연을 펼치는 음악분수 쇼, 예쁜 난초를 잘 가꿔놓은 오키드 가든, 넓고 흰 모래사장이 펼쳐지는 센트럴 비치 등이 있으며, 섬 안에는 고급 호텔도 있어서 숙박도 가능하다.

❼ 마리나 베이 샌즈 호텔

57층 규모의 건물 3개가 범선 모양의 하늘정원을 떠받치고 있는 독특한 외관과 함께 2,500여 개의 객실과 호화로운 부대시설을 갖춘 복합 리조트이다. 이곳에는 대형 카지노와 극장, 쇼핑몰, 호텔, 레스토랑, 아이스링크, 아트 사이언스 박물관, 컨벤션 센터, 스파 등 다양한 위락시설을 갖추고 있으며, 한국인들에게는 쌍용건설이 시공하여 더욱 잘 알려져 있다. 완공되자마자 싱가포르를 대표하는 랜드마크 빌딩으로 자리매김하였으며, 특히 호텔 옥상에 위치한 야외 수영장은 마리나 베이의 탁 트인 전망과 함께 마천루가 어우러진 야경을 바라보며 수영을 즐길 수 있어 명소로 자리매김하였다. 또한 마리나 베이 샌즈 호텔에서 저녁마다 선보이는 레이저 쇼는 오색찬란한 빛과 물, 오케스트라 음악이 어우러져 마리나 베이를 매일 밤 축제의 현장으로 만들고 있다.

⑧ 가든스 바이 더 베이

가든스 바이더베이

마리나 베이(Marina Bay) 지역의 간척지 위에, 2012년 중반에 문을 연 대형 인공정원으로 101만 m² 넓이에 거대한 돔형 온실 형태로 건축된 정원 형태의 테마파크이다. 내부 식물원에는 세계 각국의 다양한 식물들이 전시되고 있으며 레스토랑 및 정원 등의 휴식공간도 갖추고 있다. 이곳에는 약 25만여 종의 희귀식물이 서식하고 있으며, 전체 공원은 베이 사우스(Bay South), 베이 이스트(Bay East), 베이 센트럴(Bay Central) 등 3곳의 정원으로 구성되어 있다. 가장 큰 해안 정원인 베이 사우스에는 미래에서 온 듯한 모습의 슈퍼트리(Super trees)가 있으며, 이는 최고 16층 높이의 수직 정원으로서 초현실적인 느낌을 준다.

클라우드 포레스트(Cloud Forest)와 플라워 돔(Flower Dome)은 거대한 온실의 형태를 하고 있다. 클라우드 포레스

트는 해발 1,000m에서 3,500m 사이의 열대 산악지역 등에서 볼 수 있는 시원하고 습한 기후를 재현하고 있으며, 플라워 돔은 지중해 지역 및 남아프리카, 이탈리아 등의 유럽 일부지역과 같은 반 건조 아열대 지역에 나타나는 시원하고 건조한 기후를 재현하고 있다.

⑨ 싱가포르 플라이어

2008년 42층 높이(약 160m)로 마리나 베이에 조성된 세계 최대 규모의 관람차로 영국의 런던 아이보다 30m가 더 높다. 이곳에서는 모든 방향을 볼 수 있는 360도의 확 트인 전망을 제공하며, 약 30분의 탑승 동안 싱가포르 시내는 물론 멀리 센토사 섬과 말레이시아, 인도네시아까지 조망할 수 있다. 저녁 시간에는 싱가포르 플라이어에 올라 야경을 즐기려는 방문객들로 붐비며, 칵테일이나 식사를 즐길 수 있는 프로그램도 제공된다.

❿ 클락키와 보트키

싱가포르 강 주변으로 형성된 여러 레스토랑에서 야경과 더불어 식사를 즐길 수 있으며, 중간 중간 보트를 타고 강변을 따라 돌아볼 수 있는 작은 선착장이 있는 지역을 말한다. '클락키'라는 이름은 싱가포르의 두 번째 총독이었던 '앤드류 클락(Andrew Clarke)' 경의 이름에 부두를 뜻하는 '키(Quay)'를 붙여 지은 것이다. 이곳은 과거에 작은 배들이 드나들던 항구였으며, 현재는 그 당시 사용하던 창고를 개조하여 다섯 구획에 걸쳐 골동품점, 레스토랑, 노천카페, 재즈클럽 등이 들어서 있다. 레스토랑들은 대부분 야외 테이블을 갖추고 있어 강변에서 시원한 강바람을 맞으며 식사를 하거나 아름다운 야경을 바라보며 정취를 느끼기에 좋은 곳이다. 보트키는 클락키 바로 앞에 위치해 있으며, 싱가포르 강에서 배를 타고 야경을 감상하며 휴식을 취할 수 있는 리버 보트 선착장을 말한다.

클락키 & 보트키

2) 빈 탄

빈탄

싱가포르에서 남동쪽으로 약 50km 떨어진 곳에 위치하여 페리로 50분이면 도착한다. 싱가포르에서 접근성이 좋지만 사실은 인도네시아 리아우 제도 최대의 섬으로 인도네시아 영토이다. 인구는 약 6만여 명이 거주하고 있으며, 깨끗하고 투명한 바다와 해변, 리조트 등은 최고의 휴양지로 손색없을 정도로 훌륭하다.

📷 싱가포르, 바탐, 조호바루 5일 일정 🚙

날짜	지역	교통편	세부 일정
제1일	인 천 싱가포르 조호바루	항 공 전용버스	인천 출발 싱가포르 도착 조호바루로 이동
제2일	조호바루 싱가포르 바 탐	전용버스 선 박	조호바루 시내관광(원주민 마을, 술탄 왕궁, 회교 사원) 싱가포르로 이동 싱가포르 시내관광(보타닉 가든, 주롱 새 공원) 바탐으로 이동
제3일	바 탐	전용버스	바탐 시내관광(중국 절, 나고야 시내, 원주민 마을) 및 자유시간
제4일	바 탐 싱가포르	선 박 전용버스 항 공	싱가포르로 이동 싱가포르 시내관광(차이나타운, 머라이언 공원), 센토사 섬 관광 싱가포르 출발
제5일	인 천		인천 도착

3) 바 탐

인도네시아 리아우 제도에 속해 있는 섬으로 면적은 415km²로 서울 시의 약 2/3 정도이다. 싱가포르에서 남쪽으로 20km 떨어져 있는 곳에 위치하며,

리아우 해협에 의해 바탐 섬과 빈탄 섬이 나누어져 있다. 싱가포르에서 페리로 40분 정도면 도착할 수 있는 지리적 접근성과 인도네시아 정부의 무관세 지역 지정, 값싼 노동력 등에 의해 싱가포르 기업을 비롯하여 여러 나라 기업들의 공장이 있으며, 아름다운 바다를 바탕으로 한 관광산업이 활성화되어 고급 리조트도 개발되어 있다.

❶ 중국 절

중국인들을 위한 조그마한 절로 내부는 중국인들이 좋아하는 빨간색으로 장식되어 있다. 다른 절과 비슷하게 정문을 들어서면 향이 피어져 있고, 촛불이 켜져 있는 모습을 볼 수 있으며, 연못에는 장수를 기원하는 조그마한 거북들이 살고 있다. 다른 절과는 다르게 부처와 함께 달마 상이 모셔져 있으며, 한글로 '시주'라고 적힌 복전함도 볼 수 있다.

❷ 나고야 시내

2차 세계대전 당시 일본인들에 의해 만들어진 거리로 바탐 섬의 최고 번화가이다. 항상 원주민들과 오토바이 및 관광객으로 북적거리며, 백화점, 쇼핑몰, 한국식 노래방, KFC 등이 있다. 또한 이곳에서는 주 교통수단이 오토바이로 오토바이 택시를 볼 수 있다.

❸ 원주민 마을

원주민들이 거주하는 마을로 열대과일 나무와 각종 기념품을 판매하는 가게를 볼 수 있으며, 원주민들의 생활상과 민속 쇼 공연을 볼 수 있다. 이곳에 들어서면 현지의 어린이들이 바나나와 망고 등 열대과일을 1달러 또는 천원에 사달라고 졸라대는 모습을 볼 수 있으나 가급적 현금을 그냥 주는 것보다는 열대과일을 구입해 주는 것이 좋다.

4) 조호바루

조호바루

　말레이시아 최남단의 마을로 조호르 해협을 사이에 두고 싱가포르와 마주하고 있다. 수도 쿠알라룸푸르에 이어 두 번째로 큰 도시로 말레이시아 조호르 주의 주도이며, 면적은 185km², 인구는 약 130만 명 정도이다. 주민의 절반 이상은 중국인으로 구성된다. 말레이어로 조호르는 '보석'을 의미하며, 바루는 '새로운'이라는 의미를 갖고 있다.

　1924년 4년간의 공사 끝에 조호르 해협을 횡단하는 1,056m의 육교(코즈웨이)가 완성되어 싱가포르와 육지로 연결되었으며, 싱가포르 시내에서도 차량을 이용하여 육교 위의 국경을 통과하면 바로 회교 도시인 조호바루에 도달할 수 있다. 또한 싱가포르와 태국의 방콕을 연결하는 철도가 지나가는 교통 요충지이기도 하다.

❶ 원주민 마을

　다른 동남아의 원주민 마을과 비슷한 분위기로 야자수와 바나나 등 열대과일 나무들을 볼 수 있고, 원주민의 전통가옥과 생활상 및 전통복장을 입고 민속공연을 하는 모습을 볼 수 있다. 특히 실로폰 비슷하게 대나무로 만든 '앙끄롱'이라는 전통악기로 한국 노래를 연주해 준다.

❷ 술탄 왕궁

말레이시아에는 총 13개의 주가 있고 그 중에서 9개 주에 술탄이 있는데, 술탄이란 이슬람교의 최고 권위자인 칼리프가 수여한 정치 지배자의 칭호를 말한다. 9명의 술탄들이 서로 돌아가며 말레이시아 왕으로 선출된다. 조호바루의 술탄 왕궁은 1866년 현대적 조호르 주의 아버지라 불리는 술탄 아부바카르가 빅토리아 양식으로 건축한 왕궁으로 하얀색 건물에 파란색 지붕이 가지런히 정돈된 야자수 나무와 잘 어울린다.

현재 박물관으로 사용되고 있으며, 박물관 내부에는 역대 술탄이 거처했던 여러 개의 방을 잘 복원시켜 놓았다. 방안에는 그 당시 사용했던 가구와 무기, 장신구 등이 전시되어 있으며, 전 세계에서 수집한 각종 보석들이 전시되어 있어서 당시의 화려한 왕궁 생활을 엿볼 수 있다.

❸ 회교 사원

정식 명칭은 '아부바카르 모스크'이며, 조호바루의 술탄 아부바카르가 1892년에 술탄 왕궁 근처의 낮은 언덕 위에 건축한 이슬람 사원이다. 예배당은 2천 명 정도를 수용할 수 있고, 예배를 드리는 사람들이 끊이지 않으며, 회랑에서 조호바루의 아름다운 전경을 감상할 수 있다.

04

필리핀

남중국해

필리핀해

마닐라

보라카이

세부

필리핀
(Philippines)

술루해

말레이시아

셀레베스 해

브루나이

인도네시아

Ⅰ 국가 개요

1) 개 요

정식국명	필리핀(Philippines)
수 도	마닐라
언 어	필리핀어, 영어
민 족	말레이계, 중국계, 미국 및 스페인 혼혈
정치체제	공화제, 대통령제
1인 GDP	$3,102 / 세계 125위(2017년 / IMF 기준)
빅맥지수	$2.65
위 치	동남아시아 동북쪽
면 적	300,000km^2 / 세계 73위(CIA 기준)
기 후	아열대성 기후(고온다습)
인 구	약 104,256,076명/세계 13위(2017년 / CIA 기준)
종 교	가톨릭, 기독교, 이슬람교, 기타
통화·환율	페소(PHP), 1페소 = 22원(2017년 10월 기준)
시 차	GMT+8
비행시간	인천 → 마닐라(약 4시간 30분)

2) 지리적 특성

동남아시아 동북쪽에 위치하고 있는 7,107개의 섬으로 이루어져 있는 섬나라이다. 그러나 무인도가 많고 실질적으로 사람이 거주하는 섬은 약 1,000개정도 있다. 지형은 산악 지형이라 평야가 많지 않다. 필리핀은 크게 루손, 민다나오, 비사야의 세 지역으로 나뉜다.

3) 기 후

필리핀은 1년 내내 고온다습한 열대몬순 기후 지역이다. 또한 계절풍의 영향으로 건기와 우기가 뚜렷하게 나타나는 것이 특징이다. 6~10월까지 비가 많이 내리는 우기이고, 11월에서 다음 해 5월까지는 비가 잘 내리지 않고 기온이 상대적으로 내려가는 건기이다.

마닐라

월별 요소	1월	2월	3월	4월	5월	6월	7월	8월	9월	10월	11월	12월
최저기온 (℃)	23.5	23.8	24.9	26.2	26.7	26.2	25.8	25.5	25.5	25.5	24.9	23.9
최고기온 (℃)	29.5	30.5	32.1	33.5	33.2	32.2	31.1	30.6	30.9	30.9	30.7	29.7
강수량 (mm)	19	7.9	11.1	21.4	165.2	265	419.6	486.1	330.3	270.9	129.3	75.4

4) 문 화

음 식

필리핀에는 다양한 먹거리가 있는데 과거 스페인의 지배와 미국의 영향을 많이 받았다. 필리핀 사람들은 비싼 소고기나 돼지고기보단 가격이 저렴한 닭요리를 많이 먹는다. 대표적인 요리로는 축제나 큰 행사가 있을 때 먹는 어린돼지를 숯불에 구운 음식인 레촌이 있고, 신맛이 나는 국물 요리인 시니강, 소고기의 뼈와 야채 등을 넣고 끓여 만든 불랄로 등이 있다. 또한 필리핀 사람들이 많이 찾는 패스트푸드점인 졸리비는 필리핀 국민들에게 많은 사랑을 받고 있다. 필리핀 맥주로는 산미구엘이 있는데, 필리핀 사람들뿐만 아니라 전 세계적으로 사랑받고 있는 맥주이다.

▨ 축 제

  흥이 넘치는 필리핀 사람들의 국민성답게 필리핀은 아티-아티한, 시누룩 페스티벌, 알라에 페스티벌 등 1년 내내 여러 지역에서 다양한 축제들이 열린다.

5) 여행 정보

▨ 화 폐

  필리핀의 화폐는 페소(PHP)라고 불리며, 지폐는 20페소, 50페소, 100페소, 200페소, 500페소, 1,000페소가 있고 동전으로는 5센타보, 10센타보, 1페소, 5페소, 10페소가 있다.

▨ 전압 및 콘센트

  필리핀의 전압은 220V, 60Hz이며, 콘센트의 모양은 11자 모양이므로 필리핀을 방문할 때에는 별도의 어댑터가 필요하다.

❷ 관광지 정보

🖼 대표 여행상품 🚙

상품명	여행 지역
마닐라 4일	팍상한 폭포, 따가이따이 화산, 리잘 공원, 산티아고 요새 등
세부 4일	해변 자유시간, 마젤란 십자가, 산페드로 요새 등
보라카이 5일	해변 자유시간, 디몰 등

📖 마닐라 4일 일정

날짜	지역	교통편	세부 일정
제1일	인천 마닐라	항공 전용버스	인천 출발 마닐라 도착 마닐라 시내관광(인트라무로스, 성 어거스틴 성당, 리잘 공원, 산티아고 요새)
제2일	마닐라	전용버스	팍상한 폭포 관광
제3일	마닐라	전용버스	따가이따이 화산 관광
제4일	마닐라 인천	항공	마닐라 출발 인천 도착

1) 마닐라

 루손 섬 남서부에 있는 필리핀의 수도로 특별시이다. 마닐라 만에 접한 항구 도시로 면적은 약 38.55km², 인구는 약 165만 명 정도이지만 메트로 마닐라로 확대하면 1,200만 명에 이르는 인구가 거주하는 대도시권을 형성하고 있다.

 1571년 스페인 총독 레가스피가 점령한 이후 스페인 식민지가 되어 아시아에서 드물게 가톨릭이 성행하게 되었고, 1898년 미국의 식민지가 되어 미국의 대(對)아시아 정책의 거점으로서 도시와 항만 및 사회간접자본이 개발되면서 거대도시로 발전하였으며, 2차 세계대전 중에는 일본군에 점령되어 시가지의 80%가 파괴되기도 하였다. 필리핀의 독립 후 1948년 마닐라의 북쪽에 인접한 케손시티로 수도를 옮겼으나 마닐라와 케손시티 등 수도권 인근의 도시를 통합한 메트로 마닐라가 이루어져 1976년 6월 24일부터 메트로 마닐라 전체가 수도로 되었다.

❶ 인트라무로스

  인트라무로스는 1570년 스페인과 필리핀의 1년간의 전투 후 스페인 총독 로페스 데 레가스피가 필리핀 통치를 위해 1573년 마닐라 중심부를 흐르는 파시그 강의 남쪽에 세운 성벽도시를 말한다. 인트라무로스는 스페인어로 '벽 안에서'라는 말로 벽에 둘러싸인 요새 도시를 의미한다. 두께 8m, 높이 22m에 달하는 성벽이 약 4.5km에 이른다.

  성벽 안에는 총독의 궁전, 주택과 교회, 학교 등이 있었으나 2차 세계대전 당시 일본군의 점령기지로 사용되어 1945년 미국의 포격으로 많은 부분이 파괴되었다. 그나마 마닐라 대성당, 산티아고 요새, 성 어거스틴 교회 등은 잘 보존되어 현재 마닐라의 대표적인 관광지가 되었다. 1979년 4월 인트라무로스를 스페인 통치기간의 중요한 사적지와 관광지로 복원하기 시작하여 현재 이 지역은 스페인 통치시대의 모습을 유지하고 있다.

❷ 산티아고 요새

  인트라무로스 북서쪽 가장자리에 위치하고 있는 산티아고 요새는 파식 강 하구가 내려다 보이는 전략적 요충지로 16세기 스페인 통치시기에 스페인 군대의 주둔지였다.

  또한 1896년 12월 30일 스페인 군에 의해 총살당했던 호세 리잘이 처형 전까지 수감되어 있던 곳으로 그의 흔적을 느낄 수 있는 리잘 기념관이 있으며, 생전에 그가 집필한 책과 사용했던 물건 등이 전시되어 있다.

일본군 점령 시기에는 필리핀 정치범 투옥을 위한 지하 감옥으로 사용되어 수많은 필리핀인들이 투옥되어 목숨을 잃었던 곳이다. 산티아고 요새는 2차 세계대전 당시 많이 파괴되었으나 1950년대에 복원되었다.

❸ 리잘 공원

  필리핀 사람들에게 가장 존경받는 필리핀의 독립운동가였던 호세 리잘이 처형되었던 곳으로 그 장소에 호세 리잘을 추모하기 위해 조성된 공원이며, 루네타 공원이라고도 불린다. 인트라무로스 인근 마닐라 만에 접해 있어서 아름다운 공원이지만 24시간 4교대로 철저히 경비되고 있는 호세 리잘의 유체가 안치된 기념비와 그 왼쪽에 호세 리잘이 처형당했던 모습의 청동상 및 세계 여러 나라의 언어로 번역된 호세 리잘이 조국을 위해 마지막으로 남긴 시 '나의 마지막 작별' 등은 숙연한 마음을 들게 한다.

④ 성 어거스틴 성당

1571년 대나무로 건축되었다가 유럽식 석조 건물로 재건축한 성 어거스틴 성당은 1587년에 착공하여 1607년에 완성되었다. 필리핀에서 가장 오래된 성당으로 1993년에 유네스코 세계문화유산에 등재되었다. 성 어거스틴 교회는 전쟁 중에도 전혀 피해를 입지 않고 기적적으로 잘 보존되어 '기적의 교회'라 불리고 있다.

19세기 프랑스제 샹들리에, 18세기에 제작된 파이프 오르간을 비롯하여 성가대석, 스테인드글라스 창문 등 중요한 문화재를 볼 수 있다. 성당의 지하에는 1565년에 필리핀을 정복하여 초대 필리핀 총독이 된 스페인의 미구엘 로페즈 데 레가스피를 비롯한 필리핀 통치를 위해 파견된 스페인 사람들의 시신이 묻혀 있다.

팍상한폭포

⑤ 팍상한 폭포

세계 7대 절경에 속하는 필리핀 최고의 관광지로 높이 91m의 폭포와 열대우림이 어우러져 아름다운 곳이다. 영화 '지옥의 묵시록'과 '플래툰', 드라마 '여명의 눈동자'의 촬영장소이기도 하다. 마닐라에서 동남쪽으로 100km 정도 거리에 있으며, 차로 2시간 정도 소요된다.

폭포의 정식 명칭은 마그다피오 폭포이며, 이곳에서 가장 큰 폭포가 곽상한 폭포이다. 폭포를 보기 위해서는 통나무를 엮어 만든 '방카'라는 배를 타고 가야 되는데, 이 배는 2명의 현지인들이 물속으로 들어가 오직 자신의 힘으로만 물살을 거슬러 1시간 정도 밀고 가야만 웅장하고 아름다운 폭포를 볼 수 있다.

❻ 따가이따이 화산

마닐라에서 약 2시간 거리에 있는 따가이따이 화산은 1572년에 처음 폭발한 후 40회 이상 폭발한 화산으로 세계에서 가장 작은 화산이며, 드물게 화산 분화구 안에 또 다른 작은 화산 분화구가 있는 2중 구조의 복식 화산이다. 해발 600m에 이르는 고지대에 있으며, 분화구에는 길이 25km, 폭 18km에 이르는 칼데라 호수인 따알 호수가 있다.

📖 세부 4일 일정 🚙

날짜	지역	교통편	세부 일정
제1일	인 천 세 부	항 공	인천 출발 세부 도착
제2일	세 부		해변 자유시간
제3일	세 부		해변 자유시간
제4일	세 부 인 천	전용버스 항 공	세부 시내관광(마젤란 십자가, 산페드로 요새, 산토니뇨 성당) 세부 출발 인천 도착

2) 세 부

필리핀 중부에 있는 세부 주의 주도이다. 마젤란 일행에 의해 만들어진 필리핀 최초의 식민지 도시로 수도인 마닐라보다 역사가 깊은 도시이다. 면적은 88.19km², 인구는 80만 명을 넘으며, 메트로 세부로 확대하면 230만 명의 인구가 거주하고 있다.

한국에서 비행기로 4시간 정도면 도착할 수 있는 가까운 거리이며, 아름다운 바다와 고급 리조트 등이 잘 개발되어 있고, 다양한 해양 스포츠도 가능하여 허니문 여행과 가족 단위의 여행객들이 많이 찾고 있다.

세부는 크게 본섬과 막탄 섬으로 구분되는데, 본섬에는 세부 시티가 있어서 대형 쇼핑몰과 재래시장 및 시내관광을 즐길 수 있으며, 막탄 섬에는 국제공항이 자리하고 있다. 고급 리조트는 두 섬 모두에 개발되어 있어서 취향에 따라 선택할 수 있다.

❶ 마젤란 십자가

1521년 4월 7일 페르디난드 마젤란 일행이 세계 일주를 하던 도중 세부 섬에 도착하여 1521년 4월 21일 만든 십자가이다. 마젤란의 선교로 그 당시 세부의 추장 라자 후마본과 그의 종족 800여 명이 필리핀 최초로 페드로 발데라마 신부에게 세례를 받은 것을 기념하기 위해 높이 3m의 나무로 만든 십자가이다.

마젤란 십자가를 보호하기 위해 1834년에 팔각정을 건축하였고, 팔각정 천장에는 추장이 세례받던 당시의 모습이 벽화로 남아 있다. 또한 마젤란 십자가의 나무를 떼어내어 달여 먹으면 병을 낫게 한다는 믿음과 십자가 조각을 기념품으로 떼어가는 사람들로부터 보호하기 위해 원래의 십자가는 단단한 나무로 봉인되어 있다고 한다.

❷ 산페드로 요새

1783년 스페인 통치 시절에 이슬람 해적의 침입을 막기 위해 항구 옆에 스페인 풍으로 세워졌다. 미국 점령기에는 미군의 군막사로 사용되었고, 일본 점령기에는 포로수용소로 사용되기도 하여 쌓여진 돌 하나하나에서 아픔의 역사를 느낄 수 있으며, 입구를 들어서면 양쪽 벽면에 걸린 사진이 세부의 역사를 말해주고 있다. 현재는 시민들을 위한 공원으로 활용되고 있다.

❸ 산토니뇨 성당

1565년에 스페인에서 파견된 초대 필리핀 총독 레가스피가 세운 성당으로 '아기 예수'라는 의미이며, '성 어거스틴 성당'이라고도 한다. 최초에는 나무로 건축되었으나 18세기에 다시 산호석으로 재건하였다.

산토니뇨 성당에서는 세부의 추장 라자 후마본의 부인이 세례를 받은 기념으로 마젤란이 선물한 아기 예수상이 수호성인으로 숭배되고 있다. 이 아기 예수상은 수차례의 화재에도 전혀 피해를 입지 않아서 필리핀 사람들은 이를 신성시 여기고 있다. 성당 안에 있는 아기 예수상 앞에서는 필리핀 사람들이 두 손을 모아 기도를 하는 모습과 성당 밖에서 촛불을 켜 놓고 소원을 기원하는 사람들의 모습을 볼 수 있다.

📖 보라카이 5일 일정

날짜	지역	교통편	세부 일정
제1일	인 천 칼리보 보라카이	항 공 전용버스 방 카	인천 출발 칼리보 국제공항 도착 전용버스로 카티클란 항구로 이동 방카를 타고 보라카이로 이동
제2일	보라카이		해변 자유시간
제3일	보라카이		해변 자유시간
제4일	보라카이 칼리보	항 공	오전 자유시간 후 디몰 관광 칼리보 국제공항 출발
제5일	인 천		인천 도착

보라카이

3) 보라카이

보라카이는 필리핀의 중서부 파나이 섬 북서쪽에 있는 조그마한 섬으로 면적은 11km², 인구는 13,000명 정도 된다. 깨끗하고 투명한 바다와 화이트 비치, 야자수 숲이 어우러진 32개의 크고 작은 비치가 있다.

특히 보라카이에서는 자연 경관을 해치지 않고 조화를 이루기 위해 코코넛 나무보다 높게 건축물을 지을 수 없기 때문에 더 자연적인 아름다움을 느낄 수 있다.

보라카이는 매우 작은 섬으로 공항이 없기 때문에 마닐라 등 일부 필리핀 내 도시에서 소형 경비행기를 이용하여 인근의 파나이 섬에 위치한 카티클란 공항에 착륙한 후 카티클란 항구로 이동하여 방카라는 보트를 15분 정도 타면 보라카이에 도착할 수 있다. 카티클란 선착장과 가장 가까운 공항이지만 매우 작은 공항으로 소형 경비행기만 가능하다.

다른 방법은 카티클란 마을 동남쪽에 위치한 칼리보 국제공항을 이용하는 방법으로 한국에서 여러 항공사들이 취항하고 있으며, 카티클란 항구까지 1시간 30분 정도 차로 이동해야 한다. 여행 시 주의할 점은 6월 중순부터 9월 중순까지는 바람의 영향으로 화이트 샌드 비치에서 해양 스포츠를 이용할 수 없고 뒤쪽의 바다를 이용하게 된다.

❶ 화이트 샌드 비치

보라카이를 대표하는 바닷가로 부드럽고 고운 새하얀 모래가 4km 정도 펼쳐져 있으며, 각종 해양 스포츠가 가능한 곳이다. 또한 비치를 따라 개발된 디몰에서는 전 세계의 관광객들이 보라카이의 나이트라이프를 즐기기 위해 모여들기도 한다.

❷ 디 몰

보라카이의 제2선착장 바로 뒤쪽에 있는 최대의 번화가이다. 화이트 샌드 비치 바로 옆길을 따라 메인 로드로 연결되는데, 이 길을 따라 번화가가 형성되어 있다. 화이트 샌드 비치를 배경으로 분위기 좋은 다양한 레스토랑과 카페가 밀집되어 있고 해변 길을 벗어나면 쇼핑센터들이 자리 잡고 있다. 특히 외국의 프랜차이즈 커피 전문점도 있으며, 대형 쇼핑몰에서 쇼핑을 즐길 수도 있다.

Chapter 3

서유럽

🖼 대표 여행상품 🚗

상품명	여행지역
서유럽 4개국 8일	이탈리아, 스위스, 프랑스, 영국
서유럽 5개국 10일	이탈리아, 스위스, 프랑스, 영국, 독일

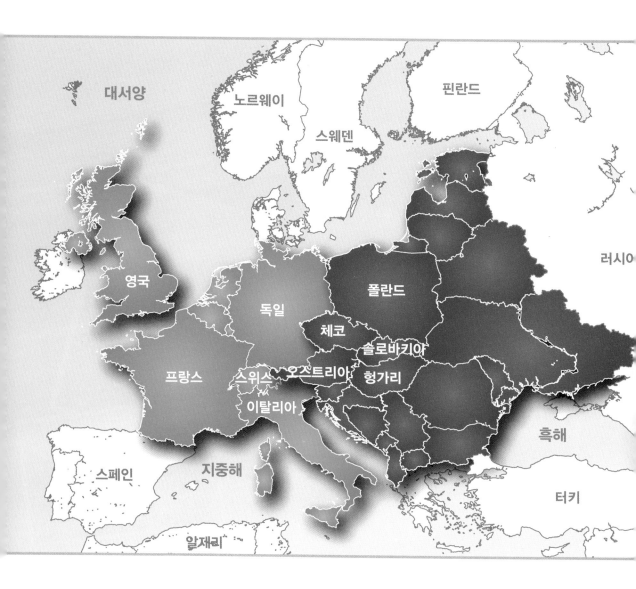

📷 서유럽 5개국 10일 일정 🚗

날짜	지역	교통편	세부 일정
제1일	인 천 런 던	항 공	인천 출발 런던 도착
제2일	런 던 파 리	전용버스 유로스타	런던 시내관광(버킹엄 궁전, 국회의사당, 빅 벤, 웨스트 민스터 사원, 대영 박물관, 타워브리지) 유로스타(항공)를 타고 파리로 이동
제3일	파 리	전용버스	파리 시내관광(루브르 박물관, 에펠탑, 개선문, 샹젤리 제 거리, 콩코르광장, 노트르담 대성당)
제4일	파 리 로 잔 인터라켄	TGV	베르사유 궁전 관광 로잔 역으로 이동 후 TGV를 타고 인터라켄으로 이동
제5일	인터라켄 밀라노	전용버스	융프라우 관광 밀라노로 이동 밀라노 시내관광(두오모 성당, 스칼라 극장)
제6일	밀라노 피 사 로 마	전용버스	피사로 이동 피사 시내관광(피사의 사탑, 두오모 성당) 로마로 이동
제7일	로 마	전용버스	로마 시내관광(바티칸 시국 및 바티칸 박물관, 성 베드 로 대성당, 콜로세움, 포로 로마노, 트레비 분수)
제8일	로 마 피렌체 베네치아	전용버스	피렌체로 이동 피렌체 시내관광(두오모 성당, 미켈란젤로 광장) 베네치아로 이동 베네치아 시내관광(탄식의 다리, 산마르코 광장, 산마 르코 성당, 두칼레 궁전, 대운하, 리알토 다리)
제9일	베네치아 하이델베르크 프랑크푸르트	전용버스 항 공	하이델베르크로 이동 하이델베르크 시내관광(하이델베르크 고성, 대학가) 프랑크푸르트로 이동 프랑크푸르트 시내관광(뢰머 광장, 성 바르톨로메오 성당) 프랑크푸르트 출발
제10일	인 천		인천 도착

01

영국

대서양

스코틀랜드

북해

벨파스트

아일랜드해

아일랜드

영국
(United Kingdom)

웨일스

런던

켈트해

영국해협

프랑스

1) 개요

정식국명	그레이트브리튼과 북아일랜드 연합 왕국 (The United Kingdom of Great Britain and Northern Ireland)
수 도	런던(London)
언 어	영어
민 족	앵글로색슨족, 켈트족
정치체제	입헌군주국, 의원내각제
1인 GDP	$37,813 / 세계 25위(2017년 / IMF 기준)
빅맥지수	$4.11
위 치	유럽대륙의 북서쪽
면 적	243,610km^2 / 세계 80위(CIA 기준)
기 후	온대 해양성 기후
인 구	약 64,769,452명 / 세계 22위(2017년 / CIA 기준)
종 교	성공회, 개신교, 가톨릭
통화·환율	파운드(GBP), 1파운드 = 1,492원(2017년 10월 기준)
시 차	GMT 0
비행시간	인천 → 런던(약 12시간 05분)

2) 지리적 특성

유럽 대륙 서북쪽 대서양에 위치한 입헌군주국의 섬나라로서 스코틀랜드, 잉글랜드, 북아일랜드, 웨일스로 이루어진 나라이다. 주변국으로는 남쪽에는 영국해협과 도버해협을 사이에 두고 프랑스와 마주하고 있다. 동쪽으로는 북해를 사이에 두고 네덜란드와 덴마크가 인접하고 있으며, 북쪽으로는 노르웨이가 있다.

3) 기 후

영국의 기후는 계절에 따른 기후 변화가 크지 않으며, 따뜻하고 습한 온대 해양성 기후를 보인다. 여름은 대체로 선선하고 겨울에는 따뜻한 편이나 이동성 저기압으로 인하여 날씨의 변화가 심한 편이다.

런던

요소 \ 월별	1월	2월	3월	4월	5월	6월	7월	8월	9월	10월	11월	12월
최저기온 (℃)	2.4	2.5	3.8	5.6	8.7	11.6	13.7	13.4	11.4	8.9	5.1	3.4
최고기온 (℃)	7.2	7.6	10.3	13	17	20.3	22.3	21.9	19.1	15.2	10.4	8.2
강수량 (mm)	53	36	48	47	51	50	48	54	53	57	57	57

4) 문 화

🚌 음 식

영국의 음식은 섬나라의 특징과 인접 국가의 영향을 받은 것이 특징이다. 대표적인 음식으로는 생선과 감자를 이용한 피시 앤 칩스와 소고기를 양념해 통째로 오븐에 구워 조리한 로스트 비프가 있다.

🍴 피시 앤 칩스 : 영국의 대표 서민 음식으로 튀긴 생선요리에 감자튀김을 곁들인 요리. 길게 썬 감자와 대구나 살이 흰 생선에 반죽을 덮어 튀겨서 만든 즉석음식.
🍴 로스트 비프 : 영국의 향토음식으로 쇠고기를 큰 덩어리로 오븐에 로스팅 방식으로 구운 요리. 주로 식사 때 메인 요리로 제공되며, 기름지지 않고 담백한 건강식.

🚌 축 제

영국의 주요 축제로는 런던의 마임 페스티벌과 에든버러 인터내셔널 페스티벌이 있다. 런던의 마임 페스티벌은 1977년에 시작된 행사로서 마임과 인형극 등 우수작을 선별하여 페스티벌에 공연을 한다.

　에든버러 인터내셔널 페스티벌은 스코틀랜드 지방의 축제로서 1947년 2차 세계대전이 끝난 후 황폐해진 스코틀랜드와 영국 그리고 유럽의 문화를 활성화시키고 시민들의 마음을 치유하고자 시작되었다. 매년 여름 약 3주간 에든버러에서 클래식 음악, 오페라, 연극, 춤 등을 공연하는 공연예술 문화축제이다.

5) 여행 정보

🚌 화 폐

　영국의 화폐 단위는 파운드(GBP)이며, 지폐로는 5파운드, 10파운드, 20파운드, 50파운드가 있다. 동전은 1페니, 2펜스, 5펜스, 10펜스, 20펜스, 50펜스, 1파운드, 2파운드가 있다.

🚌 전압 및 콘센트

　영국의 전압은 240V, 50Hz이며, 콘센트는 우리나라와는 달리 네모난 모양의 3개짜리 구멍의 콘센트를 사용한다. 영국을 방문 시에는 별도의 멀티어댑터를 가져가야 한다.

2 관광지 정보

1) 런 던

　영국의 남동부에 위치한 영국의 수도이자 정치·경제·문화·교통의 중심지이다. 템스 강 하구에서부터 약 60km 상류 지점에 있으며, 템스 강을 따라 2천여 년 동안 발전해 왔다. 1,600km²의 면적에 약 8백만 명의 인구가 거주하

런던

고 있으며, 유럽 내의 대도시권 중에서 가장 넓다.

세계 최초로 개통된 지하철은 런던 시내의 주요 교통기관이며, 런던 인근에는 히드로 공항을 비롯한 6개의 공항이 국내 · 외의 주요 도시를 연결하고 있다.

❶ 국회의사당

런던 템스 강변의 뾰족한 지붕이 인상적인 신고딕 양식의 건물로 영국의 상원과 하원이 열리는 곳이다. 본래 이곳은 중세의 웨스트민스터 궁전이 있던 자리였는데, 1834년 10월 16일 화재로 궁전이 대부분 소실되었다. 이후 공모

전을 통해 당선된 건축가 찰스 배리와 오거스터스 퓨진이 1840년에 착공하여 약 20년간의 공사로 현재의 건물이 완공되었다.

배리는 건축 자체와 관련된 일을 진행하였고, 스테인드글라스와 장식에 관련된 일은 퓨진이 담당하였다. 33,000㎡의 면적에 천여 개의 방을 갖고 있으며, 길이는 265m, 복도 길이는 3.2km에 이르는 대형 건물이다.

❷ 빅 벤

중세의 웨스트민스터 궁전이 화재로 소실된 뒤 새로운 의사당을 건축하면서 국회의사당 북쪽 끝에 만든 대형 시계탑에 딸린 큰 종(鐘)에 대한 별칭이다. 시계탑의 높이는 95m, 시침의 길이는 2.7m, 분침의 길이는 4.3m이며, 종의 지름은 2.74m, 무게는 13.5t이나 된다.

현재 빅 벤(Big Ben)은 시계탑과 종 모두를 일컫는 명칭이 되었는데, 이 이름은 공사 담당관인 벤저민 홀의 거구에서 유래하였으며, 2012년 엘리자베스 2세의 즉위 60주년을 기념하여 빅 벤은 '엘리자베스 타워'라는 공식 명칭을 갖게 되었다. 아름다운 신고딕 양식의 첨탑으로 많은 영화나 드라마에서 런던을 상징하는 장소로 등장하였으며, 우리나라의 보신각처럼 새해를 알리는 1월 1일에 영국 사람들의 시선이 집중되는 곳이다.

❸ 대영 박물관

영국 최대의 국립 박물관으로 한 해에 관광객이 무려 4백만 명 이상이 다녀
가는 세계 최대의 인류 문화유산을 전시하고 있는 박물관이다. 박물관이 설

립된 1753년에는 한스 슬로엔 경의 개인수집품이 전시물의 대부분이었으나 이후 왕실의 소장품과 세계적으로 인류 문화유산을 수집하여 함께 전시하였으며, 1759년 1월 15일을 기해 대중에게 공개하였다.

❹ 버킹엄 궁전

1703년 버킹엄 공작 존 셰필드의 저택으로 건립되어 1837년 빅토리아 여왕의 즉위식 때에 궁전으로 격상된 이래 영국 군주의 공식적인 사무실 및 주거지로 쓰이고 있다.

이곳은 20,000m²의 호수를 포함한 174,000m²의 대정원과 다수의 미술품을 소장한 미술관, 도서관, 접견실, 음악 및 무도회장 등이 있으며, 궁전에 근무하는 사람의 수는 약 450명, 왕족들을 보필하는 시종이 50명이나 된다. 버킹엄 궁전에서는 근위병 교대식이 계절에 따라 매일 또는 2일에 한 번 정도 열리고 있는데, 런던의 주요 볼거리가 되어 전 세계 여행객들의 시선이 집중되고 있다.

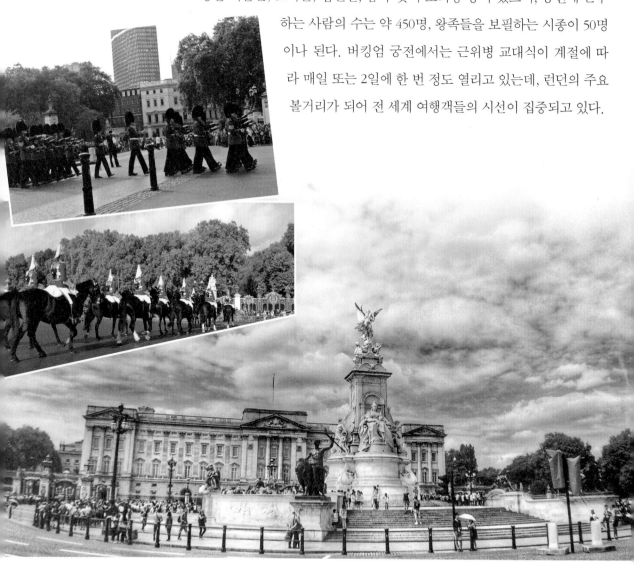

⑤ 웨스트민스터 사원

웨스트민스터 사원은 West의 '서쪽' 과 Minster의 '대사원'이라는 의미로 국회의사당과 마주 보며 위치해 있다. 교황의 지원으로 왕위에 오른 참회 왕 에드워드는 그 답례로 성지순례를 약속하였으나 이 약속을 지키지 못하고 그에 대한 보상으로 이 사원을 1065년 12월 28일 건립하였다고 한다. 원래 노르만 양식의 건물이었으나 헨리 3세가 고딕 양식으로 개축하였고, 그 후 18세기 중반 지금의 모습을 갖추었다.

이곳은 영국에서 가장 아름다운 건물로 왕실의 결혼식, 대관식, 장례식 등이 열리는 곳이며, 역대 왕들의 무덤과 유명 정치인, 문인 등의 무덤 및 기념비가 있다. 윈스턴 처칠의 장례, 앤드류 왕자의 결혼식, 다이아나 황태자비의 장례식이 열린 곳이기도 하다.

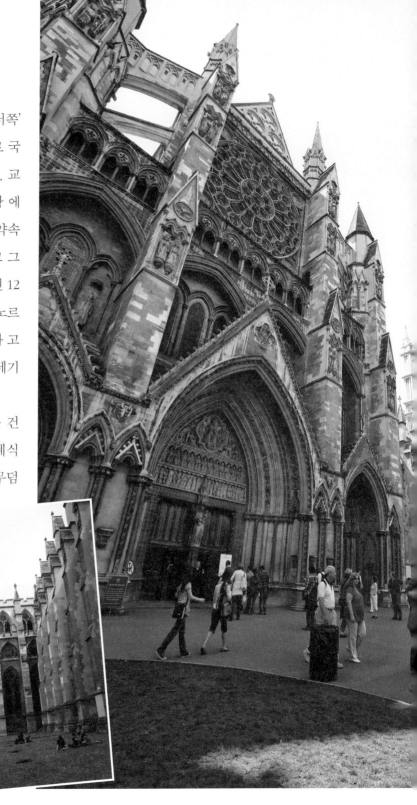

❻ 타워브리지

  런던의 명물 중의 하나로 자리 잡은 타워브리지는 1886년에 착공하여 1894년에 완성되었다. 템스 강의 가장 하류에 빅토리아 양식으로 완성되었으며, 다리 밑으로 대형선박이 지나가면 90초 동안 다리가 양쪽으로 올라가 뱃길이 열리고 차량은 통제된다. 운송기관으로 선박을 많이 이용했던 완공된 첫 달에는 655번이나 다리가 올라갔으나 현재는 1년에 약 500번 정도 다리가 올라가고 있다. 총 길이 270m, 총 중량 1,100t에 달하며, 고딕양식의 양쪽 두 탑 사이에는 유리로 끼운 인도교가 있어 여기서 런던 탑 등을 바라볼 수 있다.

2) 에든버러

영국 안의 또 다른 영국 스코틀랜드의 수도이며, 스코틀랜드 행정 · 문화의 중심지이다. 런던에서 북쪽으로 629km, 스코틀랜드 경제의 중심지인 글래스고에서 동쪽으로 70km 지점에 위치하고 있다.

에든버러 여행의 핵심은 6세기경에 산 위에 지어져 시내가 사방으로 내려다 보이는 에든버러 성으로 이 지역의 경비를 위해 처음으로 지어졌으며, 한때는 왕이 거처하기도 하였으나 왕궁보다는 요새처럼 느껴진다. 에든버러 성으로부터 뻗은 로열 마일 동쪽 끝에 있는 홀리 루드하우스 궁전은 1840년대에 건축되어 영국 여왕이 스코틀랜드에 묵을 경우 이용하는 공식 거처이며, 공식 행사를 거행하는 곳이다.

에든버러 성과 홀리 루드하우스 궁전을 연결하는 약 1.5km 정도의 거리인 로열 마일은 귀족들만이 통행했던 거리였지만 현재는 거리의 양쪽으로 세인트 자일스 대성당, 시립박물관, 위스키를 모아놓은 스카치 위스키 헤리티지 센터 등이 있어서 항상 여행객들로 복잡한 거리이다.

에든버러를 세계에 알리게 된 가장 큰 계기는 2차 세계대전이 끝난 후 황폐해진 스코틀랜드와 영국 그리고 유럽의 문화를 활성화시키고 시민들의 마음을 치유하고자 시작된 에든버러 인터내셔널 페스티벌이다. 해마다 8월 초순부터 9월 첫째 주 일요일까지 열리는 에든버러 인터내셔널 페스티벌 기간에는 에든버러 성과 로열 마일에서 음악과 연극을 비롯한 수많은 공연이 벌어져 국내 · 외로부터 방문객들이 모여든다.

에든버러 인터내셔널 페스티벌의 백미는 에든버러 성 앞에서 펼쳐지는 군악대 연주이다. 이 공연에서는 스코틀랜드의 전통악기인 백파이프와 드럼을 둘러맨 군악대를 선두로 세계 각국의 군악대들이 퍼레이드를 펼친다.

02 프랑스

영국
네덜란드
벨기에
독일
룩셈부르크
파리
ⓞ
프랑스
(France)
스위스
대서양
이탈리아
스페인
지중해

1 국가 개요

1) 개 요

정식국명	프랑스 공화국(La République Française)
수　도	파리
언　어	프랑스어
민　족	켈트, 게르만, 노르만족의 라틴 혼합인종, 바스크족
정치체제	공화제, 대통령 중심제
1인 GDP	$37,295 / 세계 26위(2017년 / IMF 기준)
빅맥지수	$4.68
위　치	유럽 대륙 서부
면　적	643,801km² / 세계 43위(CIA 기준)
기　후	서안해양성 기후, 동부 : 대륙성 기후, 남부 : 지중해성 기후
인　구	약 66,106,161 / 세계 21위(2017년 / CIA 기준)
종　교	가톨릭, 이슬람교, 개신교
통화·환율	유로(EUR), 1유로 = 1,336원(2017년 10월 기준)
시　차	GMT+1
비행시간	인천 → 파리(약 12시간)

2) 지리적 특성

　프랑스는 유럽에서 면적이 세 번째로 큰 나라로서 주변국으로 북쪽으로는 영국 해협과 도버 해협을 사이에 두고 영국이 있으며, 북동쪽으로 벨기에, 동쪽으로는 독일, 스위스, 이탈리아, 남쪽으로는 스페인과 국경을 마주하고 있다. 동쪽 알프스 산맥이 있는 곳과 남쪽 피레네 산맥을 제외하고 대부분 평지로 이루어진 나라이다.

3) 기후

넓은 면적으로 인하여 지역마다 기후 차이가 있다. 남쪽은 지중해성, 중부 내륙은 대륙성, 북쪽은 해양성 기후를 보이고 있다.

파리

월별 요소	1월	2월	3월	4월	5월	6월	7월	8월	9월	10월	11월	12월
최저기온 (℃)	2.5	2.8	5.1	6.8	10.5	13.3	15.5	15.4	12.5	9.2	5.3	3.6
최고기온 (℃)	6.9	8.2	11.8	14.7	19	21.8	24.4	24.6	20.8	15.8	10.4	7.6
강수량 (mm)	53.7	43.7	48.5	53	65	54.6	63.1	43	54.7	59.7	51.9	58.7

4) 문 화

음 식

프랑스의 음식은 세계 최고의 요리라고 칭송하는 사람들이 많으며, 고급 음식으로 평가된다. 프랑스의 대표 음식들을 보면 거위의 간으로 요리하는 푸아그라, 달팽이를 주재료로 요리한 에스카르고, 소고기를 이용한 소고기 포도주 찜이 대표적인 요리이다. 또한 프랑스는 포도를 재배하기에 알맞은 기후를 갖추고 있어 와인 생산지로도 유명하다.

> 푸아그라 : 프랑스식 전채 요리로 푸아그라는 불어로 '살찐 간'이라는 뜻을 가지고 있음. 거위나 오리의 간을 그대로 구워서 먹기도 하고, 바삭하게 구운 토스트 위에 얇게 바르거나 스프에 넣어서 먹기도 함. 또한 상큼한 샐러드와 각종 스테이크와 같이 먹기도 함.

> 에스카르고 : 에스카르고는 불어로 달팽이라는 의미이며, 식용 달팽이를 끓는 물에 데친 후 버터에 마늘과 파슬리 등을 섞어 껍질 속에 넣고 오븐에 구워 냄.

⚘ 축 제

프랑스에서는 매월 다양한 축제들이 개최되는데, 그중 대표적인 축제로는 칸 국제영화제, 니스 카니발 등이 있다.

> **제기짜 지쌍쌍** 칸 국제영화제 : 프랑스 남부지역의 휴양도시 칸(Cannes)에서 매년 5월에 개최되는 국제 영화제로 베니스 영화제, 베를린 영화제와 함께 세계 3대 국제 영화제로 꼽힘. 1946년 9월 처음 개최되었으며, 한국에서는 대상인 황금종려상 수상자는 없지만 임권택 감독이 '취화선'으로 감독상을 수상했고, 박찬욱 감독이 '올드보이'로 심사위원 대상을 수상했음. 또한 전도연이 '밀양'으로 여우주연상을 수상하기도 했음.

> **제기짜 지쌍쌍** 니스카니발 : 매년 2월 중순부터 15일간 니스의 마세나 광장 등에서 개최되는 카니발로 브라질의 리우 카니발, 이탈리아의 베니스 카니발과 함께 세계3대 카니발로 꼽힘. 카니발은 전 세계 가톨릭 국가들을 중심으로 성대하게 펼쳐지는 그리스도교 축제를 말함. 니스카니발은 가면무도회 위주로 진행되었으나 현재는 마지막 날에 니스를 화려하게 물들이는 불꽃놀이와 화려한 꽃마차 행렬이 카니발의 하이라이트를 장식하게 됨.

5) 여행 정보

⚘ 화 폐

프랑스의 화폐는 유로(EUR)를 사용하고 있으며, 지폐로는 1유로, 2유로, 5유로, 10유로, 20유로, 50유로, 100유로, 200유로, 500유로가 있다. 동전으로는 1센트, 2센트, 5센트, 10센트, 20센트, 50센트가 있다.

⚘ 전압 및 콘센트

프랑스의 전압은 220V, 50Hz이며, 콘센트는 우리나라와 같은 모양이므로 우리나라 전자제품을 그대로 사용해도 된다.

② 관광지 정보

1) 파 리

파리는 프랑스 북부 일드프랑스 지방의 중앙에 위치하며, 세느 강 중류에 있는 프랑스의 수도이자 프랑스 최대의 도시로 정치·경제·문화·교통의 중심지이다. 면적은 105km², 인구는 250만 명에 이른다. 다른 나라 수도와 비교하여 매우 작은 편이지만 교외를 포함한 파리 광역 도시권은 면적 2,844km²에 천만 명이 넘는 인구가 집결되어 있다. 파리는 회화·조각·패션·음악 등 다양한 예술과 문화의 세계적 중심지이며, 또한 전통 프랑스 음식을 맛보기 위해 세계에서 많은 관광객들이 방문하고 있다.

❶ 노트르담 대성당

노트르담은 '우리의 귀부인'이라는 뜻의 프랑스어로 성모 마리아를 의미한다. 노트르담 대성당은 1163~1345년 루이 7세 때 고딕 양식으로 지어졌으며, 성당 안은 거대한 스테인드글라스를 통해 들어오는 화사한 햇살과 길게 드리워진 회색빛 대리석의 깊은 그림자로 종교적 엄숙함을 더한다. 이른 아침 장미꽃 문양의 스테인드글라스를 통해 들어오는 아침 햇살은 노트르담 대성당의 백미이다. 1790년경 프랑스 혁명 시기에 노트르담 대성당은 반기독교 사상에 의해 많은 성상이 파괴되었으며, 19세기에 복원 작업이 완료되어 이전의

모습을 되찾았다. 지금도 로마 가톨릭교회의 교회 건물로서 파리 대주교좌 성당으로 사용되고 있다.

❷ 루브르 박물관

프랑스의 국립박물관으로 뉴욕의 메트로폴리탄 미술관 및 대영 박물관과 함께 세계적으로 유명한 박물관이다. 루브르 박물관은 원래 이민족들의 공격을 방어하기 위한 요새였으나 12세기 후반에 필립 2세가 궁전으로 개축하였다. 프랑스 혁명 이후인 1793년 처음 미술관으로 개관하여 현재와 같은 커다란 박물관의 모습을 갖춘 것은 1981년부터 시작된 미테랑 대통령의 'Grand Louvre' 계획이 마무리된 1997년이다. 박물관의 대표적인 작품은 레오나르도 다빈치의 모나리자, 제리코의 메두사의 뗏목, 밀로의 비너스 등이 있다.

루브르 박물관

베르사유 궁전

❸ 베르사유 궁전

베르사유는 프랑스 왕
국의 옛 수도였으며, 지금
은 파리에서 서쪽으로
17.1km 떨어진 파리 근교
의 고급 주택가가 되었다.
베르사유 궁전은 원래 왕
의 여름 별장이었으나 1682년 루이 14세가 거
처를 파리에서 베르사유 궁전으로 옮긴 후 1789
년 파리로 돌아갈 때까지 궁전으로 사용되었다.
베르사유 궁전은 바로크 건축의 대표작품으로
호화로운 건물과 아름다운 정원과 분수, 벽과 천
장이 온통 거울로 된 거울의 방으로 유명하다.

④ 개선문

1805년 러시아-오스트리아 연합국과의 아우스터리츠 전투에서 승리한 나폴레옹이 1806년 이 전투에서 승리한 것을 기념하기 위해 샤를 드골 광장의 중앙에 세우도록 하여 30년 뒤인 1836년에 완성되었다. 그러나 나폴레옹은 살아서는 완공된 모습을 보지 못하고 사후에 그의 장례 행렬이 이곳을 지나가게 되었다. 개선문의 높이는 50m이고, 개선문 아래에는 1차 세계대전에서 희생된 무명용사들의 무덤이 위치해 있다. 계단이나 엘리베이터를 통해 전망대로 올라가서 콩코르드 광장이나 루브르 박물관을 조망할 수 있다.

⑤ 샹젤리제 거리

개선문 & 샹젤리제

콩코르드 광장과 개선문 사이 2km 정도의 거리를 말한다. 샹젤리제 거리는 고가 브랜드의 매장이 몰려 있어 귀족적인 정취를 자아내며, 거리 양쪽에 위치한 건물들은 고풍스러운 석조 건축물로 나지막하게 자리 잡고 있다. 특히 크리스마스나 연말연시 때 가로수에 전구를 달아 불을 밝힐 때면 가장 아름답게 보인다.

❻ 콩코르드 광장

샹젤리제 거리의 동쪽에 위치한 유럽에서 가장 큰 규모의 광장으로 1793년 프랑스 대혁명 때 루이 16세와 왕비인 마리 앙투아네트 등 1,119명이 처형되어 '대혁명 광장'으로 불렸다.

1795년 화합이라는 뜻의 콩코르드(Concorde) 광장이라 불리기 시작하여 1830년 공식명칭이 되었다. 이 광장의 이름은 프랑스의 어두운 역사를 넘어 평화와 화합으로 나가자는 프랑스 사람들의 염원이 담겨져 있다.

에펠탑

❼ 에펠탑

1889년 마르스 광장에 파리에서 가장 높게 지어진 건축물이다. 에펠탑을 디자인한 귀스타브 에펠의 이름을 따서 에펠탑으로 작명을 하였고, 1889년 프랑스 혁명 100주년을 기념하기 위해 개최한 세계 박람회인 만국 박람회의 입구로서 1887년부터 1889년 3월 31일까지 건축되었다. 에펠탑은 높이가 81층 건물의 높이와 비슷한 324m이며, 당시에는 세계에서 가장 높은 건축물이었다.

리) 니 스

프랑스 남동부 코트다쥐르 지방의 항만 도시로 지중해 연안에 위치한 세계적인 휴양지이다. 연중 날씨가 온난하여 해변에는 바다를 즐기는 사람들로 가득하고, 3.5km나 되는 바닷가의 산책로에는 애완견을 끌고 산책하는 사람들을 자주 볼 수 있으며, 해변을 따라 나지막한 건물에 레스토랑과 카페들이 줄지어 들어서 있다.

해변과 연결된 구시가의 살레야 광장에는 벼룩시장이 열리고, 골목마다 분위기 있는 레스토랑과 카페들이 즐비하여 니스 시민들의 여유로운 삶의 모습을 볼 수 있다. 구시가에서 제일 높은 지역에 있는 콜린성 공원에 오르면 아름다운 니스의 모습이 한눈에 들어온다. 매년 니스 카니발 축제 때 왕의 꽃마차가 지나가고, 왕을 맞이하는 마세나 광장도 또 다른 볼거리를 제공하며, 니스 도심에 위치하여 쇼핑가와 해변, 구시가를 연결하는 중심 역할을 한다.

니스에서 남서쪽으로 열차를 타고 30분 정도 이동하면 영화제의 도시인 칸(Cannes)에 도달한다. 기차역 플랫폼에는 영화 포스터들이 즐비하게 붙어 있고, 최초로 영화를 만든 뤼미에르 형제의 대형 사진도 볼 수 있다. 매년 5월이면 전 세계 스타들이 영화제가 열리는 이곳으로 모여든다. 또한 니스 공항에서 동북쪽으로 21km 정도 떨어진 곳에는 바티칸 시국 다음으로 세계에서 2번째로 작은 나라, F-1 자동차 경주와 카지노의 나라 모나코가 있다.

3 스위스

프랑스

독일

취리히

오스

베른

스위스
(Switzerland)

인터라켄

이탈리아

이탈리아

1 국가 개요

1) 개 요

정식국명	스위스 연방(Swiss Confederation)
수 도	베른(Bern)
언 어	프랑스어, 독일어, 이탈리아어, 로망슈어
민 족	독일인, 프랑스인, 이탈리아인
정치체제	연방공화제
1인 GDP	$78,245 / 세계 2위(2017년 / IMF 기준)
빅맥지수	$6.74
위 치	유럽 중부 내륙
면 적	41,277km² / 세계 136위(CIA 기준)
기 후	사계절이 있고, 계절별 기온차가 적어 비교적 온난함
인 구	약 8,236,303명 / 세계 98위(2017년 / CIA 기준)
종 교	가톨릭, 개신교
통화·환율	프랑(CHF), 1프랑 = 1,152원(2017년 10월 기준)
시 차	GMT+1
비행시간	인천 → 취리히(약 11시간 20분)

2) 지리적 특성

　유럽 대륙의 중앙 부근에 위치한 스위스는 국토의 약 3/4이 산과 호수로 이루어진 나라이다. 주변국으로는 북쪽으로 독일, 서쪽으로는 프랑스, 동쪽으로는 오스트리아와 리히텐슈타인, 남쪽으로는 이탈리아와 국경을 마주하고 있다.

3) 기후

스위스는 유럽 대륙의 중앙에 위치하여 사계절의 구분은 있으나 기온 차이가 적어 비교적 온난한 날씨를 보이는 것이 특징이다. 또한 산악 지형이 많아 지형적 특성상 바람이 산을 타고 넘어가면서 온도가 급증하는 '푄' 현상이 자주 나타난다.

취리히

월별 요소	1월	2월	3월	4월	5월	6월	7월	8월	9월	10월	11월	12월
최저기온 (℃)	−2.8	−1.9	0.6	3.7	7.7	10.8	12.8	12.4	10	6.2	1.4	−1.7
최고기온 (℃)	2.0	4.2	8.3	12.6	17.3	20.5	23	22	18.8	13.3	6.9	2.9
강수량 (mm)	67	70	69	87	103	124	117	133	92	69	82	73

4) 문화

음식

주변국의 영향으로 지역마다 특색이 있지만 스위스의 대표적인 요리는 치즈를 이용한 것이 특징이다. 대표적인 요리는 치즈를 끓여 빵이나 채소 등에 발라 먹는 퐁듀가 유명하다. 퐁듀는 마늘을 바른 치즈를 잘게 썰어 냄비에 넣고 화이트 와인을 부어 약한 불로 가열하여 녹인 치즈에 빵을 찍어 먹는 음식이다. 이 음식은 알프스 인근 지역에서 유래한 것으로 눈 쌓인 알프스의 겨울에는 먹을 것이 없어서 와인에 치즈를 녹여 빵에 찍어 먹던 것에서 유래되었다. 현대의 퐁듀는 기호에 따라 긴 꼬챙이에 다양한 음식을 끼운 후 그것을 녹인 치즈나 소스에 찍어 먹는다.

축제

스위스는 다양한 이벤트와 축제가 많다. 그중 대표적인 축제는 레만 호수 주변에서 펼쳐지는 공연과 퍼레이드인 제네바 축제와 그린델발트 세계 눈축제가 대표적인 축제이다.

> 제네바 축제 : 제네바에는 공연과 다양한 행사가 개최되고 있는데 그 중에서 가장 크고 화려한 축제가 8월 중순에 2주간 열리는 제네바 축제. 오페라, 음악회 등 다양한 공연과 화려한 퍼레이드, 불꽃놀이 등이 펼쳐짐. 축제의 하이라이트는 마지막 날 레만 호수에서 펼쳐지는 화려한 불꽃놀이로 많은 외국인 관광객들도 참여함.

> 그린델발트 세계 눈축제 : 스위스 베른 주 인터라켄의 산악에 위치한 빙하마을 '그린델발트'에서 1983년부터 매년 1월에 6일 동안 펼쳐지는 눈 조각 축제. 그린델발트는 알프스 산맥의 대표 봉우리이자 최고의 관광지인 융프라우의 길목에 자리한 해발 1,034m의 산악마을이며, 이곳의 관광 활성화를 위해 융프라우 지역 관광 주식회사와 그린델발트 관광협회가 축제를 주관함. 전 세계의 예술가들이 팀을 이뤄 축제 기간 동안 얼음과 눈으로 제작하는 거대한 조각 작품 경연대회가 최고의 볼거리를 제공함.

5) 여행 정보

화 폐

스위스 화폐는 프랑(CHF)이라고 하며, 지폐로는 10프랑, 20프랑, 50프랑, 100프랑, 200프랑, 1,000프랑이 있고, 동전으로는 5상팀, 10상팀, 20상팀, 1/2프랑, 1프랑, 2프랑, 5프랑이 있다.

전압 및 콘센트

스위스의 전압은 230V, 50Hz이며, 콘센트는 우리나라 모양과는 비슷하지만 스위스를 방문 시에는 멀티어댑터를 챙겨가는 것이 좋다.

2 관광지 정보

인터라켄 융프라우

1) 인터라켄

스위스 베른 주의 해발 568m의 고지대에 위치한 도시로 면적은 4.3km², 5천여 명의 인구가 살고 있다. 인터라켄은 서쪽에 있는 브리엔츠 호수와 동

쪽에 있는 툰 호수 사이에 위치한 도시로 독일
어로 '호수'를 뜻하는 'laken'과 '사이'를 뜻하는
'Inter'로 이루어져 호수 사이에 위치한 도시를 의
미한다. 1128년경 건설된 이래 알프스의 융프라
우 산 등산의 거점도시로 많은 관광객
들이 몰리는 세계적인 관광도시 및 등
산기지이다.

융프라우

해발 4,166m의 융프라우는 베른에
위치한 알프스 최고의 명산으로 꼽히
며 '처녀'라는 의미를 갖고 있다. 융프라우는 인터라켄
동역에서 산악열차가 출발하여 해발 3,454m에 위치한
세계에서 가장 높은 기차역인 융프라우요흐까지 등산
열차를 이용하여 아름다운 알프스의 모습을 볼 수 있다.

알프스의 전경을 한눈에 볼 수 있는 융프라우요흐 전망대에는 레스토랑, 얼음궁전, 우체국, 매점, 응급구호소 등이 있으며, 정상에 있는 레스토랑에서 우리나라의 컵라면을 판매하고 있는 모습을 볼 수 있다.

리) 취리히

스위스의 중앙부, 리마트 강 연안에 위치한 스위스 제일의 도시로 수도인 베른보다 훨씬 더 규모 있는 도시이다. 면적은 87.8km², 인구는 약 40만 명 정도이다. 각 지역으로 직통열차가 다니고 있으며, 스위스 최대의 국제공항이 있어서 세계 각지와 연결되고 있다.

리마트 강 연안에 있는 구시가에는 스위스 최대의 로마네스크 건축물인 그로스뮌스터 대성당과 유럽 최대의 시계탑을 보유하고 있고, 스위스에서 가장 오래된 장크트페터 성당 등을 볼 수 있다. 또한 취리히 도심에서 남서쪽으로 7km 정도 떨어져 있는 펠세네크(Felsenegg) 전망대는 해발 800m의 알프스 산맥에 자리 잡고 있어서 케이블카를 이용하여 오르게 되면 취리히 시내의 아름다운 전경과 날씨가 좋은 날은 알프스 정상의 만년설까지 볼 수 있다.

4

이탈리아

스위스

오스트리아

헝가리

슬로베니아

크로아티아

밀라노

베네치아

프랑스

보스니아
헤르체코비나

피사   피렌체

이탈리아
(Italy)

로마

지중해

알제리   튀니지

1) 개 요

정식국명	이탈리아 공화국(La Repubblica Italiana, The Italian Republic)
수 도	로마
언 어	이탈리아어
민 족	이탈리아인
정치체제	민주공화제, 내각책임제
1인 GDP	$29,747 / 세계 27위(2017년 / IMF 기준)
빅맥지수	$4.8
위 치	유럽 남부
면 적	301,340km² / 세계 72위(CIA 기준)
기 후	지중해성 기후
인 구	약 62,137,802명 / 세계 23위(2017년 / CIA 기준)
종 교	가톨릭, 기타
통화·환율	유로(EUR), 1유로 = 1,336원(2017년 10월 기준)
시 차	GMT+2
비행시간	인천 → 로마(약 12시간 35분)

2) 지리적 특성

3면이 바다로 둘러싸여 있는 반도 국가로서 유럽 중남부에 위치해 있다. 국
토의 대부분은 산지와 구릉으로 이루어져 있고 평야는 국토의 약 1/5이다. 주
변국으로는 알프스 산맥을 경계로 프랑스, 스위스, 오스트리아와 국경을 접하
고 있다.

3) 기 후

사계절의 구분이 있으며, 각 지역마다 차이는 있지만 대체적으로 온난한 지중해성 기후를 보이고 있는 것이 특징이다.

로마

요소 \ 월별	1월	2월	3월	4월	5월	6월	7월	8월	9월	10월	11월	12월
최저기온 (℃)	3.7	4.4	5.8	8.3	11.9	15.6	18.2	18.4	15.8	12	8.1	5.1
최고기온 (℃)	12.9	13.7	15.3	18	22	25.6	28.6	28.7	26	22	17.2	13.9
강수량 (mm)	80.7	74.9	65	54.7	31.8	16.3	14.7	33.3	68.2	93.4	110.5	89.6

4) 문 화

🏰 음 식

이탈리아는 토마토를 이용하는 음식들이 많으며, 대표적인 음식으로는 파스타와 피자가 있다. 파스타의 종류는 국수 모양의 파스타, 나비 모양 등 그 종류가 다양하다.

🏭 축제

이탈리아에서는 다양한 축제들이 열리는데, 대표적인 축제는 베네치아에서 매년 사순절 2주 전부터 민속 놀이, 전통 공연 등이 펼쳐지는 베네치아 카니발이 유명하다. 카니발 행사에 참여하는 사람들이 다양한 모자와 가면을 쓰고 참가하는 이색적인 축제이다.

5) 여행 정보

🏭 화폐

이탈리아의 화폐는 유로^(EUR)를 사용하고 있으며, 지폐로는 1유로, 2유로, 5유로, 10유로, 20유로, 50유로, 100유로, 200유로, 500유로가 있다. 동전으로는 1센트, 2센트, 5센트, 10센트, 20센트, 50센트가 있다.

🏭 전압 및 콘센트

이탈리아 전압은 220V, 50Hz이며, 콘센트는 우리나라와 동일하므로 별도의 멀티어댑터가 필요하지 않다.

② 관광지 정보

1) 로마

이탈리아의 수도로 중부의 아펜니노 산맥에서 발원하는 테베레 강 하류 부분에 위치하고 있다. 고대 로마 제국의 수도였고, 로마 가톨릭 교회의 중심지로 고대 서양사의 발원지이다. 시민들이 로마 시의 행정영역 안에 거의 거주

바티칸 박물관

하여 로마 시를 중심으로 한 광역 도시권의 발전은 이루어지지 않았으며, 면적은 1,285km², 인구는 300만 명에 이른다. 로마 안에는 원래 로마의 영토 일부였으나 교황령으로 독립한 바티칸 시국이 자리 잡고 있다.

❶ 바티칸 박물관

바티칸 박물관은 로마 교황청 바티칸 궁내의 박물관, 미술관 등을 총칭한다. 16세기 초 줄리아노 델라 로베레 추기경이 개인적으로 수집하여 보유하였던 것에서 출발하여 이후 역대 로마 교황이 수집하여 기증한 방대한 미술품과 자료를 전시하게 되었다. 또한 내부에는 미켈란젤로의 천지창조와 최후의 심판, 라파엘로의 성체의 논의, 아테네학당 등 유명한 화가에 의해 그려진 벽화로 유명하다.

❷ 성 베드로 대성당

미켈란젤로가 거대한 반구형 돔으로 설계한 사실로 더 유명한 성 베드로 대성당은 축구 경기장의 1.5배 넓이로 약 11,706m²에 달해 세계에서 가장 크고, 가장 아름다운 성당이며, 르네상스 건축의 백미로 손꼽힌다. 349년 콘스탄티누스 황제가 베드로 성인의 묘지 위에 성 베드로 대성당을 처음 세웠으나 이민족의 잦은 약탈에 따른 보수공사로 인해 본래의 모습을 찾아 볼 수 없게 되었다. 1503년 교황 율리우스 2세 때 브라만테는 성 베드로 대성당의 건축에 판테온의 돔과 화려하고 아름다운 기둥을 도입하여 공사를 시작하였다.

브라만테 사후 라파엘로, 안토니오 등이 공사를 맡으면서 대성당의 설계가 많이 변경되었으나 안토니오 사후인 1546년 미켈란젤로가 뒤를 이어 안토니오의 설계를 다시 수정하여 브라만테의 돔형식으로 복귀시켰다. 미켈란젤로는 1563년 세상을 떠날 때까지 이 건물에 매달렸으며, 미켈란젤로의 사후인 1564년 마테르노가 뒤를 이었고, 마테르노 사후인 1629년에는 천재 조각가인 잔 로렌초 베르니니가 뒤를 이어 대성당의 예술성을 높이게 되었다.

120년간 대대로 교황과 그 시대를 대표하는 예술가들이 총력을 기울여 재건립하여 콘스탄티누스 황제 때 완성되었다. 중앙 통로의 길이가 약 186m, 폭이 140m, 높이는 46m이고 중앙의 제대에서 돔까지의 높이는 137m에 이르며, 성당 내부에는 미켈란젤로의 피에타 조각상과 아르놀포 디 캄피오가 제작한 성 베드로 청동상이 있다.

콜로세움

❸ 콜로세움

72년 플라비우스 왕조인 베스파시아누스 황제 때 건축을 시작하여 80년 그의 아들 티투스 황제 때에 완성된 원형 경기장이다. 정식 명칭은 플라비우스 원형극장이며, '거대하다'는 뜻의 이탈리아어 콜로살레(colossale)에서 유래한 이름으로 추

측되고 있다.

　타원형으로 만들어져 가장 긴 곳의 지름은 188m, 가장 짧은 곳의 지름은 156m, 총 둘레는 527m, 외벽은 4층으로 구성되어 총 48m, 내부는 5만 명에서 최대 8만 명까지 수용이 가능한 계단식 관람석이 방사상으로 설치되어 있다.

　이곳에서는 죽음을 각오한 검투사들의 격투 시합, 맹수들과의 격투 등 목숨을 건 격투가 이루어졌으며, 검투사들은 보통 용맹스런 노예나 전쟁 포로들을 이용하였는데 시합에서 일정한 승리를 거두면 자유의 신분이 될 수 있었기 때문에 더욱 치열한 격투를 치를 수밖에 없었고 로마인들은 이러한 격투를 보는 것을 즐겼다.

❹ 트레비 분수

트레비 분수

전 세계에서 가장 인기 있는 분수라고 해도 과언이 아닐 정도로 로마를 방문하는 모든 관광객들이 찾는 높이 26m, 너비 20m의 바로크 양식의 아름다운 분수이다. 1732년 교황 클레멘스 12세 때 니콜라 살비가 디자인하였으나 30년이 지나 교황과 살비 사후인 1762년 교황 클레멘스 13세 때 주제페 판니니에 의해 완성되었다. '트레비'는 삼거리란 뜻으로 바로 앞이 삼거리로 나누어져 있기 때문에 트레비 분수라고 이름을 붙였다.

분수대 안에는 각국의 동전이 수북하게 쌓여 있는데, 이것은 분수를 등 뒤에 두고 동전을 오른손으로 왼쪽 어깨 너머로 1번 던지면 로마에 다시 올 수 있고, 2번 던지면 연인과 사랑이 이루어지고, 3번을 던지면 힘든 소원이 이루어진다는 속설 때문이다. 영화 '로마의 휴일'에서 오드리 헵번이 트레비 분수에 동전을 던지는 장면도 이곳을 한층 낭만적인 장소로 기억하게 한다.

❺ 포로 로마노

포로 로마노는 라틴어의 포룸 로마눔 (Forum Romanum)에서 유래하여 고대 로마 시대에는 포룸 로마눔이라 불리었으며, 포룸은 열린 공간이란 뜻으로 도시의 주요 시설이 모여 있는 일종의 광장 같은 곳을 의미한다. 포룸 로마눔은 로마에서 가장 오래된 포룸이다.

포로 로마노가 세워진 지역은 원래 비가 오면 물이 차오르는 습지였는데, BC 6세기경부터 하수도가 만들어진 이후 신전, 바실리카 (공회당), 사람들이 활보하던 거리, 시장 등이 들어서며 도시 생활

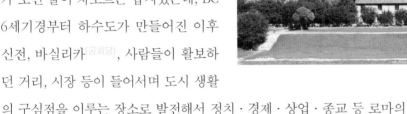

의 구심점을 이루는 장소로 발전해서 정치 · 경제 · 상업 · 종교 등 로마의 모든 중심지가 되었다. 현재의 포로 로마노는 완전히 폐허가 되어 있던 고대 로마의 중심지를 1871년에 발굴 작업이 본격화되어 발굴한 것이다.

포로 로마노에는 로마의 공회당으로 사법 · 금융 · 상업 등의 거래를 행하던 공공건물인 바실리카 아에밀리아, 아치 모양의 건물인 막센티우스 바실리카, 기원전 670년에 처음 세워진 붉은 벽돌의 높이 20m, 4층 건물인 원로원이 있다. 또한 141년 안토니우스 황제가 세상을 떠난 자신의 부인 파우스티나 황후를 위해 건설한 신전이었으나 황제 자신도 사후에 함께 매장된 아우렐리우스 황제의 부모 안토니우스와 파우스티나의 신

전을 비롯하여 사투르누스의 신전, 베니스 신전, 베스타 신전 등이 있다.

베스타 신전 왼쪽에는 카이사르 제단이 있었는데, 이곳에서 카이사르가 화장되었다. 그리고 도미티아누스 황제가 81년에 자신의 형인 티투스 황제와 베스파시아누스 황제의 대 예루살렘 전투 승전을 기념하여 세운 티투스 황제 개선문, 203년에 원로원과 시민들이 셉티미우스 세베루스 황제의 10년간의 통치와 아라비아, 아시리아 등지에서의 전쟁 승리를 기념하기 위해 세운 셉티미우스 세베루스 황제 개선문 등 2개의 개선문을 볼 수 있다.

2) 밀라노

롬바르디아 주의 주도로 포강의 지류를 끼고 롬바르디아 평원에 위치하고 있으며, 이탈리아 북부의 최대 도시이다. 밀라노의 인구는 130여만 명으로 수도인 로마에 이어 두 번째로 많으며, 광역 도시권 내에 4백만 명이 넘는 인구가 거주하여 이탈리아 최대의 대도시 권역을 형성하고 있다.

예로부터 교통의 요지로서 주요 교통수단이 밀라노를 통과하며, 19세기 후반부터 발전하기 시작한 근대산업은 전통적인 섬유산업을 비롯하여 1880년대에 알프스 산맥의 수력발전을 기반으로 금속·화학·기계 등의 산업이 발달하여 기계·섬유·의약·자동차 분야의 공장들을 볼 수 있다. 또한 밀라노는 세계의 패션과 디자인의 중심지이기도 하다.

밀라노 광역권의 GDP는 유럽 도시 내에서 10위권 안에 있을 정도로 매우 높은 편이다. 로마가 이탈리아의 행정적 수도라면 밀라노는 이탈리아의 경제적 수도이지만 매우 유서 깊은 도시로 많은 유적지들이 남아 있어 이탈리아 관광의 중심지이기도 하다.

❶ 두오모 성당(밀라노 대성당)

밀라노 대교구의 주교좌 성당으로 밀라노의 상징적인 건물이다. 1386년에 당시 밀라노의 권력을 지배한 영주 잔 갈레아초 비스콘티가 밀라노의 정중앙에 대성당을 건축하고자 하였으며, 그 뜻을 받아들여 대주교 안토니오 다 살루초가 착공하였다. 그러나 재정적인 문제 및 프랑스와 독일의 건축가를 공사에 참가시켜 설계와 시공상의 의견조정 문제로 공사는 더디게 진행되었다. 5백년이 지난 1890년에 이르러서야 비로소 준공되었으며, 부대공사가 모두 완료된 것은 1951년이었다.

독일의 쾰른 대성당과 함께 세계 최고(最古)의 고딕 양식 건물이며, 바티칸의 성 베드로 대성당과 스페인의 세비야 대성당 다음으로 세계에서 세 번째로 큰 가톨릭 성당이다. 높이 157m, 폭 66m로 4만 명을 수용할 수 있으며, 성당의 외벽은 3,159개의 조각으로 장식되어 있다. 하늘을 찌를 듯한 135개의 첨탑에도 모두 성인의 조각상으로 장식되어 있는데, 가장 높은 109m의 첨탑에는 3,900장의 금박으로 덮여진 황금 성모 마리아 상이 있다.

❷ 스칼라 극장

이탈리아 밀라노에 있는 오페라 극장으로 1776년 2월 25일에 화재로 인해 소실된 밀라노의 궁정극장인 '두칼레 극장'을 대신하여 오스트리아의 여왕 마리아 테레지아의 명령으로 산타 마리아 델 스칼라 교회 자리에 세워져 1778년 8월 3일에 스칼라 극장으로 재탄생하게 되었다.

1943년 2차 세계대전으로 파괴된 후 1946년에 2,800석 규모의 6층 건물로 내부는 로코코 양식으로 다시 재건하여 오늘에 이르고 있다. 실내 오페라를 상연하는 소극장이나 오페라 박물관, 발레학교 등의 시설도 있다.

3) 피 사

아르노 강 하류 부분에 위치한 고도로 이탈리아 토스카나 주에 위치한 피사 현의 현청 소재지이다. 피사 현의 면적은 2,448km², 인구는 40여만 명이며, 피

사 시의 인구는 10만 명에 이른다. 11세기 말에는 베네치아와 대립하는 강력한 해상공화국이었으며, 예로부터 문예의 중심지로 번창하여 갈릴레오 갈릴레이도 이곳의 대학에서 공부하였다. 또한 도로·철도 등 교통의 요지로 기계공업과 대리석 가공업 등이 발달하였으며, 포도·올리브·곡물 등을 재배하는 농업과 목축업도 활발하게 이루어지고 있다.

❶ 피사의 두오모 성당

피사의 넓은 녹지로 이루어진 두오모 광장에 있는 대성당과 피사의 사탑은 중세 건축의 걸작으로 세계적으로 유명한 관광지이다. 그중에서 두오모 성당은 이탈리아에서 가장 오래된 성당으로 건축가 부스케토가 1068년에 착공하여 50년만인 1118년에 완공한 로마네스크 양식의 성당이다. 내부의 길이는 95m, 폭은 32m나 되는 대성당으로 화려한 외관과 정면은 조각으로 장식되어 있다.

❷ 피사의 사탑

본래 두오모 성당의 종탑으로 만들어진 건축물이지만 기울어져 있는 모양 때문에 주 건물인 두오모 성당보다 피사의 대표적 건축물이 되었다. 피사 출신의 예술가 본난노 피사노와 건축가 기욤이 1173년 공사를 시작하여 3층까지 완성하였을 때 지반이 약해서 탑의 높이가 북쪽 55.22m, 남쪽 54.52m로 기울어져 있다는 사실이 발견되어 공사는 100여 년간 중지되었다.

건축가 조반니 디 시모네가 뒤를 이어 기울어져 있는 사탑을 바로 잡고자 4층

부터 기울어진 남쪽 부분을 조금씩 더 높게 만들었는데 오히려 하중만 증가되어 탑이 더 기울어지게 되었다.

조반니 디 시모네의 죽음으로 공사는 또 다시 중단되었고 1350년 다시 시작하여 1372년에 완공하였다. 수직면에서 5.2m나 옆으로 누워있으며, 해마다 1mm씩 기울고 있다고 한다. 사탑 내부의 294개 계단을 올라가면 아름다운 피사의 전경을 볼 수 있다.

4) 피렌체

피렌체

1865년에서 1870년까지는 이탈리아 왕국의 수도였으며, 현재 토스카나 주의 주도이다. 로마에서 북서쪽으로 233km 떨어진 아르노 강변에 위치하고 있다. 면적은 102km², 인구는 40만 명에 이르러 토스카나 주에서 인구가 가장 많은 도시이다.

피렌체는 중세 유럽의 무역과 금융의 중심지였으며, 현재도 근교에는 신흥 공업지대가 형성되어 상공업의 중심을 이루고 있다. 또한 14~15세기에는 르네상스 시대의 중심지로 레오나르도 다빈치, 미켈란젤로, 보티첼리 등 르네상스 예술가들의 걸작이 곳곳에 남아 있어서 이탈리아 르네상스의 본고장으로 불리기도 한다.

❶ 두오모 성당

피렌체의 대표적 상징물이자 세계에서 네 번째로 큰 피렌체 두오모 성당은 '산타 마리아 델 피오레 대성당'이라는 정식 명칭과 '꽃의 성모 마리아 대성당'이라는 별칭을 갖고 있다.

1296년 아르놀포 디 캄비오에 의해 건축이 시작되어 1446년에 이르러 르네상스 양식으로 완공된 거대한 주황색 돔 형식의 건물이며, 두오모(duomo)는 영어로 '돔(dome)'을 의미한다.

　천장에는 미켈란젤로의 불후의 명작인 '최후의 심판'이 프레스코 형식으로 그려져 있다.

❷ 미켈란젤로 광장

　피렌체에 있는 광장으로 1871년 조성되었으며, 광장에서는 아르노 강과 그 위에 놓인 베키오 다리, 두오모, 베키오 궁전 등 피렌체 시가지가 파노라마처럼 펼쳐진다. 광장 중앙에 미켈란젤로 탄생 400주년을 기념해 세워진 다비드 상 모조품이 세워져 있다. 이 광장에서는 아름다운 피렌체의 전경을 감상할 수 있으며, 특히 야경은 더욱 아름답다.

5) 베네치아

　이탈리아 북동부 아드리아 해의 북부에 위치하여 14세기까지는 이탈리아

베네치아

최강의 공국이었던 베네치아 공화국의 수도였으며, 1866년 이탈리아가 통일되면서 현재 베네토 주의 주도이다. 면적은 414.57km², 인구는 30만 명에 이른다.

베네치아 만 안쪽의 석호 위에 흩어져 있는 118개의 작은 섬과 177개의 운하가 400여 개의 다리로 이어져 있어서 수로가 교통의 중심으로, 육상의 자동차를 찾아볼 수 없다. 수상교통과 곤돌라가 유명하여 '물의 도시'라 불리기도 한다. 베네치아에는 카지노와 국제영화제로 유명한 리도 섬이 세계적인 휴양지로 명성을 떨치고 있으며, 유리 세공업으로 유명한 무라노 섬 등도 포함된다.

❶ 대운하

대운하는 베네치아의 중심부를 역 S자형으로 3.8km나 흐르며 도시를 두 지역으로 나누어 놓았다. 12~18세기에 걸쳐서 대운하를 따라 다양한 궁전과 성당 및 화려한 귀족풍의 저택과 베네치아의 명소 리알토 다리 등이 들어섰으

며, 수상버스나 곤돌라를 타고 구경하여야 한다. 운하의 도시 베네치아를 더욱 낭만적이게 하는 것이 바로 곤돌라인데, 길이 10m 이내와 너비 1.2~1.6m의 폭이 좁은 배로 이탈리아어로 '흔들리다'라는 뜻을 의미한다.

❷ 리알토 다리

베네치아 도시를 관통하고 있는 대운하의 폭이 가장 좁은 곳에 놓인 베네치아의 가장 대표적인 다리이다. 대운하를 건너가려는 수요를 배가 감당하지 못하자 13세기경 나무 다리를 임시로 만들어 사용하였으나 1591년에 안토니오 다 폰테가 대리석으로 48m의 아치 모양의 아름다움을 살린 리알토 다리를 건축하였다. 다리 위에는 귀금속과 가죽 제품을 파는 쇼핑 아케이드가 형성되어 있다.

❸ 산마르코 광장

길이 175m, 폭 80m의 거대한 광장으로 광장 주위에는 하얀 대리석의 열주로 가득한 건물이 광장을 'ㄷ'자로 둘러싸고 있어서 거대한 하나의 홀처럼 보이며, 나폴레옹은 이를 두고 세계에서 가장 아름다운 응접실(홀)이라 불렀다고 한다.

이 광장은 정치·사회·종교의 중심이고, 집회의 장으로 사용되었으며, 수십만 마리의 비둘기들이 광장을 노닐고 있는 모습을 볼 수 있다. 광장의 가운데에는 베네치아의 수호신인 날개 달린 사자상이 있으며, 주변에는 유명한 화랑과 카페, 고급 상가들이 줄지어 있고, 이 광장은 대운하로 연결된다.

④ 산마르코 성당

828년 이집트의 알렉산드리아에서 모셔온 성 마르코의 유골을 안치하기 위해 납골당 형식으로 세워진 성당이다. 현재의 건축물은 베네치아의 시민들이 1063년부터 1073년에 걸쳐 비잔틴 양식에 약간의 서양식을 가미해 10년 만에 완성한 것이다.

건물 정면 입구 위에 있는 높이 1.6m의 4마리의 청동 기마상은 1204년 제4차 십자군 원정 때 콘스탄티누스 대제가 콘스탄티노플^(이스탄불)에서 가져온 것이며, 현재 있는 기마상은 1982년에 만들어진 복제품이고 실제 기마상은 마르치아노 미술관에 보관되어 있다.

정면 아치 위는 황금빛 모자이크로 장식되어 있고, 성당 내부도 모두 황금빛으로 장식되어 '황금의 교회'라고도 불린다. 중앙 제단 뒤에는 성 마르코의 유해가 안치되어 있고, 아름다운 보석으로 만들어진 팔라 도로가 화려함의 극치를 보여주고 있다.

❺ 탄식의 다리

운하를 사이에 두고 총독 관저인 두칼레 궁의 재판실과 프리지오니 지하 감옥을 연결하는 다리로 1600년부터 1603년까지 안토니 콘티노의 설계로 만들어졌다. 10인의 평의회에서 유죄판결을 받은 죄인이 이 다리를 건너 감옥으로 가면 다시는 아름다운 베네치아를 보지 못할 것이라는 생각에 죄수들이 한숨을 지은 것에서 유래한 이름이라고 한다.

❻ 두칼레 궁전

679년부터 1797년까지 1,100년 동안 베네치아를 다스린 120명에 이르는 베네치아 공화국의 역대 총독 관저로 정치·사법의 중추였던 건물이다. 9세기에 처음 고딕 양식으로 요새처럼 지어졌으나 여러 차례 개축을 거쳐 고딕 양식에 비잔틴 양식과 르네상스 양식이 가미된 모습으로 1309~1442년 지금의 모습으로 완성되었다.

두칼레 궁전 내부에는 평의회, 원로원, 투표실, 재판실, 감옥, 무기고 등이 있다. 특히 10인 평의회의 방에는 가로 24.65m, 세로 7.45m로 세계에서 가장 큰 유화인 틴토레토의 벽화 '천국'이 한쪽 벽면을 가득 채우고 있고, 베네치아의 주요 역사를 그린 그림, 76인 총독의 초상화 등이 있다.

Chapter 4

동유럽

📖 **대표 여행상품** 🚗

상품명	여행지역
동유럽 3개국 9일	체코, 헝가리, 오스트리아
동유럽 5개국 9일	체코, 폴란드, 슬로바키아, 헝가리, 오스트리아

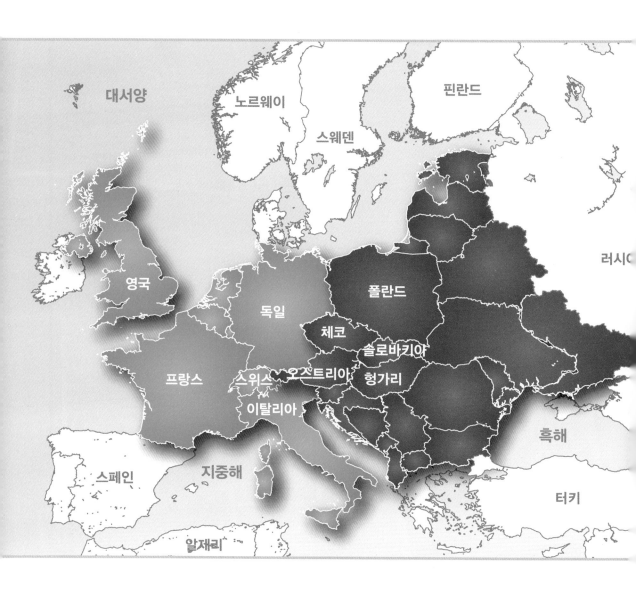

📔 동유럽 5개국 9일 일정 🚗

날짜	지역	교통편	세부 일정
제1일	인 천 프라하 브르노	항 공 전용버스	인천 출발 프라하 도착 체코 제2의 도시인 브르노로 이동
제2일	브르노 크라카우	전용버스	크라카우로 이동 크라카우 시내관광(바벨성, 중앙광장) 아우슈비츠 수용소
제3일	크라카우 비엘리치카 타트라	전용버스	비엘리치카로 이동 소금광산 관광 폴란드 최남단의 자코파네를 경유하여 슬로바키아 타트라 국립공원으로 이동
제4일	타트라 부다페스트	전용버스	부다페스트로 이동 부다페스트 시내관광(어부의 요새, 마차시 성당, 부다 왕궁, 겔레르트 언덕, 영웅광장)
제5일	부다페스트 빈	전용버스	빈으로 이동 빈 시내관광(쉔브룬 궁전, 게른트너 거리, 슈테판 성당, 국립 오페라극장, 시립공원)
제6일	빈 멜 크 잘츠카머구트 할슈타트 잘츠부르크	전용버스	멜크로 이동 멜크 수도원 관광 잘츠카머구트로 이동 장크트볼프강 호수 관광 할슈타트로 이동 호수 마을 관광 잘츠부르크로 이동
제7일	잘츠부르크 체스키크룸로프 프라하	전용버스	잘츠부르크 시내관광(호엔 잘츠부르크 성, 미라벨 정원, 헬브룬 궁전, 모차르트 생가, 잘츠부르크 대성당) 체스키크룸로프로 이동 체스키크룸로프 시내관광(체스키크룸로프 성, 망토다리) 프라하로 이동 프라하 야경 관광
제8일	프라하	전용버스 항 공	프라하 시내관광(틴 성당, 천문시계, 카를교, 프라하 성, 바츨라프 광장) 프라하 출발
제9일	인 천		인천 도착

1

체코

독일

폴란드

🔲
프라하

체코
(Czech)

독일

체스키크룸로프
●

슬로바키아

오스트리아

1) 개 요

정식국명	체코 공화국(The Czech Republic)
수 도	프라하
언 어	체코어
민 족	체코인, 우크라이나인, 슬로바키아인, 기타
정치체제	의원내각제
1인 GDP	$18,534 / 세계 41위(2017년 / IMF 기준)
빅맥지수	$3.28
위 치	유럽 대륙 중부
면 적	78,867km^2 / 세계 116위(CIA 기준)
기 후	해양성 기후와 대륙성 기후의 중간
인 구	약 10,674,723명 / 세계 87위(2017년 / CIA 기준)
종 교	가톨릭, 개신교, 기타
통화·환율	코루나(CZK), 1코루나 = 52원(2017년 10월 기준)
시 차	GMT+1
비행시간	인천 → 프라해(약 11시간 5분)

2) 지리적 특성

　유럽대륙 중부에 위치한 나라이며, 주변국으로는 독일이 북쪽과 서쪽에 국경을 접하고 있으며, 폴란드가 체코 북쪽에 국경을 접하고 있다. 동쪽으로는 슬로바키아, 남쪽으로는 오스트리아와 국경을 접하고 있다.

3) 기후

해양성 기후와 대륙성 기후의 중간 기후를 보이고 있으며, 봄과 가을의 날씨는 우리나라와 비슷한 기후를 보인다.

프라하

요소\월별	1월	2월	3월	4월	5월	6월	7월	8월	9월	10월	11월	12월
최저기온 (℃)	−5.4	−4	−1	2.6	7.1	10.5	11.9	11.7	8.7	4.3	0.2	−3.3
최고기온 (℃)	0.4	2.7	7.7	13.3	18.3	21.4	23.3	23	19	13.1	6	2
강수량 (mm)	23.5	22.6	28.1	38.2	77.2	72.7	66.2	69.6	40	30.5	31.9	25.3

4) 문화

🗂 음 식

체코의 음식 문화는 주변국의 영향을 많이 받았으며, 대표적인 음식으로는 빵과 고기를 함께 먹는 스비치코바와 체코식 족발인 콜레노가 있다. 또한 다양한 맥주도 유명한데, 그중 대표적인 체코 맥주로는 필스너가 있다.

🎺 스비치코바 : 체코는 내륙에 위치해 있어서 육류 요리가 발달. 스비치코바는 소의 허리 상부 살로 만든 소고기 안심에 소스를 붓고 크네들리키라는 체코식 찐빵과 함께 생크림, 라즈베리 잼을 찍어 먹는 음식으로 체코인들이 즐겨 먹는 전통적인 가정식 식사. 부드러운 안심살에 빵과 생크림, 라즈베리 잼의 환상적인 조화가 최고의 맛을 느끼게 함.

🎺 콜레노 : 체코어로 콜레노는 무릎을 의미. 콜레노는 돼지의 넓적다리를 삶은 후 구운 요리를 말함. 한국의 족발과도 비슷해 보이지만 또 다른 맛을 느낄 수 있음.

🔖 축제

　필스너 페스티벌이 대표적인 축제이다. 필스너 페스티벌는 1842년 라거 맥주의 효시이자 세계적인 체코맥주 필스너 우르켈의 첫 탄생을 기념하기 위해 처음 개최되었다. 축제기간동안 필스너 우르켈을 무료로 마음껏 마실 수 있으며, 독일의 옥토버페스트, 중국의 칭다오 국제맥주축제, 일본의 삿포로 맥주축제와 함께 세계 4대 맥주 축제이다.

5) 여행 정보

🔖 화 폐

　체코의 화폐는 코루나(CZK)라고 불리며, 100코루나, 200코루나, 500코루나, 1,000코루나, 2,000코루나, 5,000코루나의 지폐와 1코루나, 2코루나, 5코루나, 10코루나, 20코루나, 50코루나의 동전이 있다.

🔖 전압 및 콘센트

　체코의 전압은 220V, 50Hz이며, 콘센트의 모양은 우리나라와 같아 별도의 어댑터가 필요 없다. 단, 사용하고자 하는 전자제품이 50Hz와 호환이 되는지 반드시 확인할 필요가 있다.

2 관광지 정보

1) 프라하

프라하

　샤를 4세가 새로운 예루살렘을 건설하려는 의도로 형성한 도시로 체코의 수도이자 체코 최대의 정치 · 경제 · 문화의 중심도시이다. 영어로는 프라그(Prague)라고 불린다. 체코 중서부에 위치한 프라하의 면적은 496km^2, 인구는 약 200만 명을 넘어서 체코에서 가장 큰 도시이며, 도시 중앙을 블타바 강이

가로질러 흐르고 있다.

1968년 1월에 체코의 자유화 운동이었던 '프라하의 봄'이 소련 등 바르샤바 조약군의 침략으로 짓밟힌 역사적인 사건의 무대가 되기도 하였다. 1993년 1월 1일 체코와 슬로바키아로 분리되어 체코의 수도가 되었으며, 체코 최대의 공업도시, 유럽철도의 중심지로 발전하고 있다.

① 프라하 야경

해질 무렵부터 프라하의 야경을 감상하기 위해 프라하

성에서 카를교, 구시가지로 이어지는 길에는 많은 관광객들이 몰려든다. 체코에서 가장 긴 강으로 길이는 430km에 달하는 블타바 강변에서 바라본 프라하 성과 카를교의 아름다움은 세계적으로 유명한 아름다운 프라하 야경의 백미이다. 또한 차량 통행이 금지된 카를교를 거닐며 바라보는 프라하 성과 강변의 아름다움은 세계 어느 곳의 야경보다도 아름답다.

② 바츨라프 광장

체코 프라하 신시가지에 있는 광장으로 이 일대가 프라하 최대의 번화가 지역이다. 거리 양쪽에는 고급 호텔과 레스토랑, 백화점, 은행, 사무실 등이 위치해 있고 항상 인파로 붐비는 지역이다.

그러나 바츨라프 광장은 체코의 역사와 함께한 광장으로 1918년 체코슬로바키아 공화국이 이곳에서 선포되었고, 1948년에는 공산당이 권력을 장악하여 사회주의 공화국이 선포되기도 하였다. 개혁파인 알렉산데르 둡체크가 1968년에 시도한 '프라하의 봄'이 소련군 탱크 부대의 침략으로 개혁과 자유를 원했던 수많은 체코

국민들이 희생당했던 곳으로도 유명하며, 1989년 평화적인 학생시위에서 시작되어 대중적인 평화시위로 이어져 결국 구스타프 후사크 대통령이 공산주의를 포기하고 정권을 넘겨주게 된 '벨벳 혁명'의 중심지이기도 하다.

❸ 천문시계

프라하의 명물 천문시계는 1410년에 시계공 미쿨라시와 카를대학의 수학교수 얀 신델이 공동으로 제작하였다는 설과 프라하 대학의 수학 교수였던 하누슈에 의해 제작되었다는 설이 있으며, 프라하 구시가 광장의 구 시청사 남쪽 벽에 설치되어 있다. 이 시계는 세계에서 세 번째로 오래된 천문시계이다.

시계는 세 부분으로 나누어지는데, 첫 번째는 천문 눈금판으로 하늘의 해와 달 및 천체의 움직임에 대한 정보들을 표시하고 1년에 한 바퀴씩 돌면서 연, 월, 일, 시간을 나타낸다. 두 번째는 매시 정각에 종소리가 울리면서 시계의 바늘 윗부분에 있는 창문이 열리고, 12사도의 모형과 죽음을 형상화한 해골의 모형이 2개의 창을 통해 차례대로 보여진다. 이어서 시계 위쪽의 조그만 문을 통해 황금색 닭이 나와 울면서 시간을 알려준다. 세 번째는 달력 눈금판이다.

❹ 카를교

체코 프라하의 중심을 관통하여 흐르고 있는 블타바 강 위에 놓인 다리로 블타바 강 우측의 구시가지와 좌측 언덕 위의 프라하 성을 연결하고 있다. 신성 로마제국의 황제 카를 4세가 1357년에 건설을 시작하여 1402년에 완성한 동유럽에서 가장 오래된 돌다리로 기록되어 있다.

1841년까지 프라하 구시가와 그 주변을 잇는 유일한 다리였으며, 처음에는 단순히 돌다리라고 했지만 1870년부터 카를교로 불리게 되었다. 길이 520m, 폭 10m의 보행자 전용 다리로써 차량 통행이 금지되어 언제나 프라하의 아름다운 야경을 구경하려는 관광객들이 자유롭게 걸어 다닐 수 있으며, 노점상과 거리의 예술가 등으로 매우 번잡한 곳이다. 다리 위에서 펼쳐지는 거리의 악사 공연도 볼만하다.

❺ 틴 성당

프라하의 구 시청사 맞은편에 위치한 틴 성당은 금장식을 정점으로 하는 높이 80m의 하늘을 찌를 듯한 두 개의 첨탑이 인상적이다. 1365년에 세워진 이 성당은 17세기까지 다양한 건물 양식이 가미되어 외관은 웅장하고 화려한 고딕 양식을 보여주지만 내부는 음울하고 어두운 분위기의 바로크 양식이다.

이 성당에서 가장 유명한 것은 북쪽 벽에 있는 로코코 양식의 거대한 제단과 아름다운 동북쪽의 출입문이다. 또한 이곳에서는 웅장한 파이프 오르간의 연주로 유명한 클래식 콘서트가 자주 열린다. 성당 안에는 루돌프 2세를 위해 일했던 덴마크의 천문학자 튀코 브라헤가 묻혀 있다.

❻ 프라하 성

체코의 수도인 프라하 블타바 강의 서쪽 언덕에 자리 잡고 있는 세계에서 가장 큰 옛 성(길이 570m, 폭 128m)으로 프라하의 상징이자 체코의 국가적 상징 건물이다. 870년경 건축되어 여러 차례 변천과정을 거쳐 현재의 모습으로 완성된 것은 14세기 카를 4세 때이고, 체코의 왕들과 신성 로마제국의 황제들이 이곳에서 통치를 했으며, 1918년부터 대통령 관저로 사용되고 있다.

체코 관광코스 중에서 가장 핵심이 되는 곳으로 세계의 많은 관광객들이 프라하 성의 야경을 구경하기 위해 방문을 하고 있으며, 오전 7시부터 23시까지 매시 정각에는 근위병 교대식이 열리고 있어 또 다른 볼거리를 제공하고 있다. 또한 프라하 성의 안에는 성 비토 대성당이 있는데, 카를 4세 때부터 짓기 시작하여 약 6백 년의 공사기간을 기록하며 완성되어 고딕 양식의 진수를 보여주고 있다. 체코에서 가장 큰 성당으로 성당 안에는 여러 명의 체코 왕을 비롯하여 영주, 귀족 및 성자와 대주교들의 유골이 안치되어 있다.

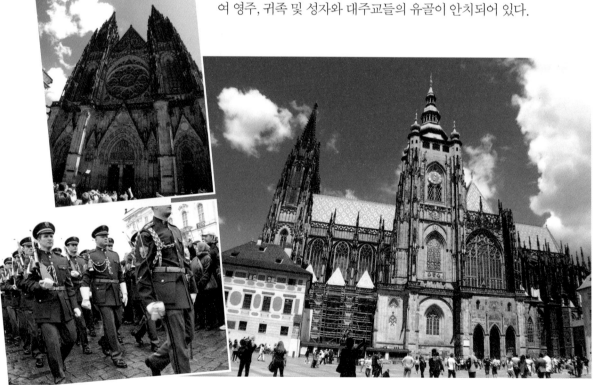

2) 체스키크룸로프

체코 남보헤미아 주의 블타바 강 만곡부에 위치한 작은 도시이다. 13세기 무렵 중세도시로 5세기 이상 평화롭게 발전할 수 있었기 때문에 크룸로프 성 등의 건축 유산을 잘 보존하고 있는 뛰어난 사례로 평가받고 이다. 체스키는 체코어로 '보헤미아의 것'을 의미하며, 크룸로프는 '강의 만곡부의 습지'를 의미한다. 1920년 이전에는 '크루마우 안 데아 몰다우'라는 명칭으로 통용되었으며, 지금도 오래된 옛 지도에는 '크루마우'라고 기재되어 있기도 하다.

체스키크룸로프

● 망토다리

구시가지로 진입할 때 가장 먼저 접하게 되는 곳으로 이곳을 통과해야만 아름다운 도시를 만날 수 있다. 3층으로 된 아치형의 다리는 돌기둥이 버티고 있고, 낮은 통로는 극장 무도회 홀과 연결되어 있으며, 가장 위쪽 통로는 정원이 있는 갤러리로 통한다. 이곳에서 블타바 강을 끼고 발전된 체스키크룸로프 시내의 아름다운 전경을 볼 수 있다.

❷ 체스키크룸로프 성

체스키크룸로프라는 도시에 위치한 성으로 체코에서 프라하 성 다음으로 큰 성이며, 체스키크룸로프를 대표하는 건물이다. 13세기경 블타바 강변에 고딕 양식으로 건설되었으나 후대에 르네상스와 바로크 양식이 가미되면서 특이한 외모를 자랑하고 있다. 성에서 가장 장관인 것은 1680년대에 고딕 양식으로 증축된 하라데크(성 안에 있는 첨탑)이지만 1766년에는 바로크 양식으로 극장을 건축하면서 전체적으로 바로크 양식으로 변형되었다. 이후에도 정원, 벨레르 여름 궁전 등이 추가로 들어섰다.

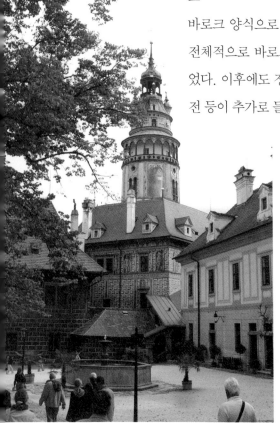

02 폴란드

발트해

리투아니아

러시아

독일

폴란드
(Poland)

🔲 바르샤바

벨라루스

체코

크라카우
비엘리치카

우크라이나

오스트리아

슬로바키아

 1 국가 개요

1) 개요

정식국명	폴란드 공화국(The Republic of Poland)
수 도	바르샤바
언 어	폴란드어
민 족	폴란드인, 기타
정치체제	공화제
1인 GDP	$12,722 / 세계 60위(2017년 / IMF 기준)
빅맥지수	$2.72
위 치	유럽 대륙 중부
면 적	312,685km^2 / 세계 70위(CIA 기준)
기 후	해양성 기후와 대륙성 기후의 중간
인 구	약 38,476,269명 / 세계 36위(2017년 / CIA 기준)
종 교	가톨릭, 동방정교
통화·환율	즐로티(PLN), 1즐로티 = 315원(2017년 10월 기준)
시 차	GMT+1
비행시간	인천 → 바르샤바(약 14시간 25분)_ 경유 1회

2) 지리적 특성

유럽 대륙 중부에 위치한 대평원 지역에 있는 나라이다. 주변국으로 동쪽으로는 러시아, 리투아니아, 벨라루스, 남쪽으로는 우크라이나, 슬로바키아, 체코, 서쪽으로는 독일과 국경을 접하고 있다. 북쪽에는 발트해가 있다.

3) 기후

동유럽의 대륙성 기후와 서유럽의 해양성 기후의 점이지대에 위치해 있다. 겨울에는 춥고 눈이 많이 내리며, 여름에는 따뜻하다.

바르샤바

요소 \ 월별	1월	2월	3월	4월	5월	6월	7월	8월	9월	10월	11월	12월
최저기온 (℃)	−5.5	−3.3	0.3	5.6	10.5	14	15.6	15	11.1	5.7	1.6	−2.6
최고기온 (℃)	1.5	4.1	10.5	18	23.3	26.8	28.8	28.5	24.6	18	10	3.8
강수량 (mm)	40	36	38	46	70	77	64	58	42	32	49	43

4) 문화

🍽 음식

폴란드의 대표적인 음식으로는 소의 내장으로 만든 플라키라는 수프와 폴란드식 만두인 피에로기가 있다.

🍴 플라키 : 플라키는 소 내장으로 만든 폴란드 전통 수프로 한국의 내장탕과 비슷하지만 수프로 먹기 때문에 좀 더 걸쭉한 편임. 플라키만 먹기도 하지만 빵을 찍어먹기도 함.

🍴 피에로기 : 효모를 넣지 않은 반죽으로 껍질을 만들고 그 안에 감자와 잘게 썬 양배추를 발효시켜 시큼한 맛이 나는 양배추 절임인 사우어크라우트, 다진 고기, 치즈, 과일을 넣어 만든 만두 모양의 폴란드 국민음식.

🍽 축제

폴란드에는 다양한 문화 예술 축제가 열리는데, 그중 디즈니 애니메이션 라푼젤의 모델이 된 '포즈난 풍등 축제^(노츠쿠파위 등 축제)'가 대표적인 축제이다.

5) 여행 정보

🪪 화 폐

폴란드의 화폐는 즐로티(PLN)라고 불리며, 지폐로는 10즐로티, 20즐로티, 50즐로티, 100즐로티, 200즐로티가 있고, 동전으로는 1즐로티, 2즐로티, 5즐로티, 1그로쉬, 2그로쉬, 5그로쉬, 10그로쉬, 20그로쉬, 50그로쉬가 있다.

🪪 전압 및 콘센트

폴란드의 전압은 220V, 50Hz이며, 콘센트의 모양은 우리나라와 같아 별도의 어댑터가 필요 없다. 단, 사용하고자 하는 전자제품이 50Hz와 호환이 되는지 반드시 확인할 필요가 있다.

2 관광지 정보

1) 크라카우

크라카우는 독일식 명칭이고 크라쿠프가 폴란드식 명칭이다. 폴란드 남부 마워폴스카 주의 주도이며, 비스와 강 상류에 위치하였다. 면적은 327km², 인구는 100만 명 정도로 바르샤바 다음으로 인구가 많은 도시이다.

바르샤바로 수도를 옮기기 전인 1320~1611년까지 폴란드의 수도로서 왕궁에서 대관식을 비롯한 여러 의식이 거행되어 아직도 왕궁 등 많은 유적이 남아 있으며, 가톨릭 국가로 성당과 수도원도 많이 남아 있다. 또한 동유럽에서는 프라하의 칼 대학에 이어 두 번째로 1364년에 설립되어 지

크라카우

동설을 주장한 코페르니쿠스, 교황 요한 바오로 2세 등을 키워낸 크라카우 대학이 있다.

❶ 아우슈비츠 수용소

크라카우에서 서쪽으로 65km 떨어진 오시비엥침 도시에 건설된 2차 세계 대전 당시 독일의 히틀러가 유태인을 학살하기 위하여 만들었던 강제 수용소이다. 폴란드어로 오시비엥침, 독일어로 아우슈비츠라고 불린다. 이곳에서 학살당한 사람은 유태인, 소련군 포로, 폴란드 양심수 등 약 400만 명으로 추정되며, 그중에서 약 250만 명이 유태인으로 추정되고 있으나 정확한 수치는 파악되지 못하고 있다. 붉은 벽돌 건물로 28개 동으로 이루어져 있으며, 현재 수용소에는 유태인을 처형했던 가스실과 시체를 소각했던 소각장 등이 그대로 보존되어 있어 비극의 역사를 생생하게 느낄 수 있다.

❷ 중앙광장

구시가지의 중앙에 위치하고 있는 광장으로 중세 유럽 광장 중에서 가장 큰 규모를 자랑한다. 이곳은 예전에 크라카우의 사교장 역할을 했던 곳으로 주위에는 옛 크라카우 귀족들의 저택이 즐비하다.

❸ 바벨성

9세기 초에 크라카우 도시의 남쪽 비스와 강 상류에 건축된 폴란드 왕이 거처했던 궁전이다. 최초에는 고딕 양식의 건축물이었지만 화재 후에 1502~1536년에 걸쳐 르네상스 양식으로 개조되었다. 바벨성은 현재 박물관으로 이용되고 있으며, 성 내부에는 중세 때의 갑옷, 검, 장신구, 초상화 등이 전시되어 있다.

2) 비엘리치카

폴란드의 남부 지역에 위치한 크라카우 도시권에 속하는 도시로 폴란드의 2대 도시인 크라카우에서 남동쪽으로 약 13km 떨어진 곳에 위치하며, 면적은 13.41km², 인구는 2만 명 정도의 소도시이다. 1975년부터 1998년까지는 크라카우 주에 속해 있었지만 1999년 이후부터는 마워폴스카 주에 속하게 되었다. 비엘리치카의 남쪽에는 폴란드에서 가장 오래되고 세계에서 가장 큰 소금광산인 비엘리치카 소금광산이 있으며, 이 소금광산은 이곳을 관광도시로 변모시켰다.

비엘리치카

소금광산

유럽에서 암염이 생성된 가장 오래된 소금광산으로 비엘리치카라는 도시에 위치해 있다. 약 200만 년 전까지는 바다였던 곳이 육지로 바뀌면서 소금광산이 형성된 곳이다. 13세기에 소금 채취가 시작되어 1996년까지 채취되었는데, 광산은 지하 327m까지 9층 갱도로 이루어져 있으며, 갱도의 길이는 300km에 달한다.

광산 안에는 깊이가 9m나 되는 지하 호수가 있으며, 광부들이 소금을 이용해서 만든 예배당, 조각상 등도 볼 수 있는데, 특히 지하 100m 지점에는 길이

55m, 폭 18m, 높이 12m로 예배당 중에서 규모가 가장 큰 '축복받은 왕의 교회'가 있다. 또한 노동자의 수호성인인 성 안토니우스를 기리는 성 안토니우스 예배당은 가장 오래된 교회이다. 지하 211m 지점에는 호흡기 질환을 앓고 있는 환자들을 위한 요양원이 1964년에 만들어졌으며, 130m 지점에는 소금 박물관도 만들어져 있어 소금 채굴 역사, 채굴 기술 발전사 등을 볼 수 있다.

03 헝가리

슬로바키아

우크라이나

오스트리아

○ 부다페스트

헝가리
(Hungary)

슬로베니아

루마니아

크로아티아

세르비아

1 국가 개요

1) 개 요

정식국명	헝가리(Hungary)
수 도	부다페스트
언 어	헝가리어
민 족	헝가리인, 로마인, 기타
정치체제	공화제
1인 GDP	$12,767 / 세계 59위(2017년 / IMF 기준)
빅맥지수	$3.21
위 치	유럽 대륙 중동부
면 적	93,028km^2 / 세계 11위(CIA 기준)
기 후	대륙성 기후
인 구	약 9,850,845명 / 세계 92위(2017년 / CIA 기준)
종 교	가톨릭, 칼빈교, 루터교, 그리스 정교
통화·환율	포린트(HUF), 1포린트 = 4.34원(2017년 10월 기준)
시 차	GMT+1
비행시간	인천 → 부다페스트(약 13시간 5분) _ 경유 1회

2) 지리적 특성

　다뉴브 강과 티서 강이 흐르는 헝가리는 유럽 대륙 중동부에 위치한 나라이다. 주변국으로는 슬로바키아와 우크라이나가 북쪽에 국경을 접하고 있으며,

동쪽으로는 루마니아, 남쪽으로는 크로아티아와 세르비아, 서쪽으로는 슬로베니아, 오스트리아와 국경을 접하고 있다.

3) 기 후

대륙성 기후를 보이는 것이 특징이다. 여름은 비교적 선선한 편이며, 겨울에는 추위가 심한 편이다. 봄, 여름, 가을에는 일교차가 크다.

부다페스트

월별 요소	1월	2월	3월	4월	5월	6월	7월	8월	9월	10월	11월	12월
최저기온 (℃)	-4.0	-1.7	1.7	6.3	10.8	13.9	15.4	14.9	11.5	6.7	2.1	-1.8
최고기온 (℃)	1.2	4.5	10.2	16.3	21.4	24.4	26.5	26	22.1	16.1	8.1	3.1
강수량 (mm)	32	31	29	38	55	63	52	51	40	33	52	40

4) 문 화

음 식

헝가리의 음식은 과거 오스만제국의 지배를 받아 터키 음식의 영향과 주변국의 영향을 받은 것이 특징이며, 파프리카를 이용한 음식이 발달되었다. 굴라쉬라는 수프가 대표적 헝가리 음식이다. 굴라쉬는 헝가리의 전통 요리로 쇠고기, 양파, 고추, 파프리카 등으로 만든 매운 수프로 헝가리어로는 구야시라 불린다.

🔖 축 제

대표적인 축제로는 다채로운 공연을 볼 수 있는 부다페스트 '봄' 축제와 '승마의 날' 축제 등이 있다.

> **부다페스트 봄 축제** : 부다페스트 봄 축제는 3월 중순부터 말까지 2주간 개최되는 문화축제로 오페라, 발레, 콘서트, 영화감상, 민속공연, 전시회 등 다양한 문화행사가 펼쳐짐.

> **승마의 날 축제** : 아시아 기마유목민인 마자르족이 세운 헝가리에서는 기마유목민들의 문화가 지금도 많이 남아있음. 매년 7월 첫째 토요일과 일요일 '승마의 날' 축제가 개최되면 각국에서 참가한 마장 마술 국제경기가 열리고 헝가리 목동들의 승마곡예가 펼쳐짐. 승마곡예는 100여 마리의 말을 한꺼번에 풀어 놓고 날뛰는 말들을 목동들이 순식간에 몰아서 다시 데리고 들어가는 것과 목동 1명이 4마리의 말위에서 선채로 달리는 곡예를 보여줌.

5) 여행 정보

🔖 화 폐

헝가리의 화폐는 포린트^(HUF)라고 하며, 1,000포린트, 2,000포린트, 5,000포린트, 10,000포린트, 20,000포린트의 지폐가 있다.

🔖 전압 및 콘센트

헝가리의 전압은 220V, 50Hz이며, 콘센트의 모양은 우리나라와 동일하므로 별도의 어댑터가 필요 없다. 단, 사용하고자 하는 전자제품이 50Hz와 호환이 되는지 반드시 확인할 필요가 있다.

2 관광지 정보

1) 부다페스트

헝가리의 수도이자 정치·경제·교통·문화의 중심지로 헝가리 국토의 중앙에서 조금 북쪽에 위치하며, 인구는 200만 명에 이른다. 1873년에 도나우

부다페스트

강 서쪽의 부다와 동쪽의 페스트가 합쳐져 현재의 부다페스트가 되었다. 부다 지역은 대지 위에 위치하여 왕궁과 겔레르트 언덕 등 역사적인 건축물이 많고, 페스트 지역은 저지대에 위치하였으며, 공장과 상가 및 주택단지가 들어선 상업지역이다.

❶ 겔레르트 언덕

부다페스트 시가지를 한눈에 내려다 볼 수 있고, 특히 도나우 강의 아름다운 야경을 감상할 수 있는 곳이다. 정상에는 호텔, 레스토랑이 있고 남쪽에는 소련군이 헝가리를 나치 독일로부터 해방시켜 준 것을 기리기 위한 높이 34m의 해방 기념비가 있다.

❷ 마차시 성당

1255년 부다 성 내에 고딕 양식으로 지어져 역대 헝가리 왕들의 대관식이 열렸던 곳이다. 마차시라는 이름은 1479년에 마차시 1세에 의해 높이 80m의 첨탑이 증축되어 붙여졌다.

❸ 부다 왕궁(부다 성)

13세기경에 부다 언덕 남쪽 꼭대기에 네오바로크 양식으로 지어져 헝가리 왕들이 거처하였던 곳으로 부다페스트의 상징적 건물이다. 과거에는 왕궁 또

는 왕성으로 불리기도 하였다. 두 차례의 세계대전으로 많이 파괴되어 1950년
대에 현재의 모습으로 재건축되어 국립미술관과 박물관으로 이용되고 있다.

④ 어부의 요새

마차시 성당 옆에 있는 네오 고딕과 네오 로마네스크 양식이 절묘하게 혼재된 건축물이다. 1899~1905년 사이에 건설되었고 중세에는 근처에 어부들이 길드를 조직해 살았다고 해서 이 이름이 붙여졌다는 설과 도나우 강의 어부들이 강을 건너 기습하는 적을 막기 위해 이 요새를 방어한데서 그 이름이 유래하였다는 설이 있으나 정확하지는 않다. 눈부시게 하얀 화려한 성벽과 이곳에서 바라보는 도나우 강과 시내 전경이 매우 아름답다.

⑤ 영웅광장

　헝가리 건국 1,000년을 기념하여 1896년에 만들어진 광장이다. 중앙에는 36m 높이의 밀레니엄 기념탑이 있고, 그 꼭대기에 민족의 수호신 가브리엘 천사 동상이 있다. 밀레니엄 기념탑은 말을 탄 기사들에 의해 에워싸여 있고 그 주변에는 헝가리의 역대 왕, 정치가, 장군 등 유명인의 동상이 있다. 영웅광장의 왼쪽에는 예술사 박물관, 오른쪽에는 미술사 박물관이 위치해 있다.

4

오스트리아

체코

독일

멜크
빈

잘츠부르크
잘츠카머구트

오스트리아
(Austria)

헝가리

스위스

이탈리아

슬로베니아

크로아티아

1 국가 개요

1) 개 요

정식국명	오스트리아 공화국(Republic of Austria)
수 도	빈
언 어	독일어
민 족	오스트리아인, 유고슬라비아인, 독일인
정치체제	연방공화제
1인 GDP	$43,786 / 세계 16위(2017년 / IMF 기준)
빅맥지수	$3.88
위 치	유럽 대륙 중부
면 적	83,871km^2 / 세계 114위(CIA 기준)
기 후	대륙성 기후, 해양성 기후
인 구	약 8,754,413명 / 세계 95위(2017년 / CIA 기준)
종 교	가톨릭, 개신교
통화·환율	유로(EUR), 1유로 = 1,336원(2017년 10월 기준)
시 차	GMT+1
비행시간	인천 → 빈(약 11시간 20분)

2) 지리적 특성

　유럽 대륙 중부에 위치해 있으며, 주변국으로 동쪽으로는 체코, 슬로바키아, 헝가리와 국경을 접하고 있고 남쪽으로는 슬로베니아와 이탈리아, 서쪽으로는 스위스와 리히텐슈타인, 북쪽으로는 체코, 독일과 국경을 접하고 있다.

3) 기후

서쪽 지방은 해양성 기후를 보이고, 동쪽으로 갈수록 대륙성 기후를 보이는 것이 특징이다. 여름이 짧고 겨울이 길다.

빈

요소\월별	1월	2월	3월	4월	5월	6월	7월	8월	9월	10월	11월	12월
최저기온 (℃)	-2	-0.9	2.4	5.8	10.5	13.5	15.4	15.3	11.7	7	2.4	-0.5
최고기온 (℃)	2.9	5.1	10.3	15.2	20.5	23.4	25.6	25.4	20.3	14.2	7.5	4
강수량 (mm)	37.2	39.4	46.1	51.7	61.8	70.2	68.2	57.8	53.5	40	50	44.4

4) 문화

▭ 음식

오스트리아의 음식은 주변국의 영향을 많이 받은 것이 특징이며, 내륙에 위치한 나라의 특성상 빵, 민물고기 등을 이용한 요리가 발달되었다. 대표적인 요리로는 비너슈니첼, 자허토르테, 아페슈트루델 등이 있다.

🍴 비너슈니첼 : 비너슈니첼은 '비엔나의'라는 의미의 독일어 '비너 (wiener)'와 '슈니첼(schnitzel)'의 합성어로 비엔나 사람들이 즐겨먹는 방식의 슈니첼을 의미함. 송아지의 안심 부위를 얇게 썰어 부드럽게 다진 다음 밀가루, 빵가루, 계란을 입혀 기름에 튀긴 슈니첼에 레몬즙을 뿌려 먹는 요리.

🍴 자허토르테 : 자허는 케이크를 처음 만든 요리사의 이름이며, 토르테 (torte)는 스펀지 케이크에 잼이나 크림을 발라서 만든 디저트. 자허토르테는 초콜릿을 넣어 반죽해 구운 스펀지 케이크에 살구잼을 바른 다음 초콜릿으로 케이크 전체를 코팅한 오스트리아의 대표적인 초콜릿 케이크. 달지 않는 생크림을 곁들여 초콜릿의 단맛을 잡아 줌.

🍴 아페슈트루델 : 일종의 애플파이로 달콤하고 아삭아삭 씹히는 식감이 좋음.

◫ 축 제

음악과 관련된 축제가 많으며, 대표적인 축제는 1920년부터 매년 7월 하순에서 8월 하순까지 약 6주간 모차르트가 태어난 잘츠부르크에서 개최되는 잘츠부르크 음악제이다. 이때는 빈 국립 오페라 극장 오케스트라를 주축으로 각 지역의 오케스트라도 동원되며, 연주곡은 모차르트로 한정한다. 축제 기간 동안 잘츠부르크 전역에서 약 200회의 공연이 펼쳐지며, 현재 유럽 최고의 음악축제로 자리 잡았다.

5) 여행 정보

◫ 화 폐

오스트리아의 화폐는 유로(EUR)를 사용하고 있으며, 지폐로는 1유로, 2유로, 5유로, 10유로, 20유로, 50유로, 100유로, 200유로, 500유로가 있다. 동전으로는 1센트, 2센트, 5센트, 10센트, 20센트, 50센트가 있다.

◫ 전압 및 콘센트

오스트리아의 전압은 220V, 50Hz이며, 콘센트의 모양은 우리나라와 동일하므로 별도의 어댑터가 필요 없다. 단, 사용하고자 하는 전자제품이 50Hz와 호환이 되는지 반드시 확인할 필요가 있다.

❷ 관광지 정보

1) 빈

도나우 강변에 위치한 오스트리아의 수도이며, 중부 유럽의 경제 · 문화 · 교통의 중심지로 영어로는 비엔나라고 부른다. 인구는 번성기에는 200만 명

빈

이 넘기도 하였으나 현재는 200만 명에 미치지 못하고 있다.

원시시대부터 이미 빈에는 사람들이 거주하였던 것으로 알려져 있는데, 1440년 합스부르크 왕조가 시작되면서 빈은 정치·문화·예술·음악의 중심지가 되었고, 15세기 이후 신성 로마제국의 수도로 발전하였다. 1차 세계대전 후에 오스트리아의 수도가 되었고, 2차 세계대전 이후에는 연합국인 미국, 영국, 프랑스, 소련의 지배를 받으면서 베를린이 수도가 되었다가 1954년 독립하면서 다시 수도가 되었다. 베토벤이 35년간 거주하였고, 모차르트 등 유명한 음악가들이 활동하여 음악의 도시로 널리 알려져 있다.

❶ 슈테판 성당

슈테판 광장에 있는 로마 가톨릭 교회의 성당으로 빈 대교구의 주교좌 성당이다. 1147년에 루돌프 4세가 로마네스크 양식으로 본당을 먼저 건축하였으나 1258년의 화재로 대부분의 건축물이 소실되었고, 고딕 양식으로 재건축되었다. 정면은 로마네스크 양식이며, 하늘을 찌를 듯한 137m 높이의 뾰족한 첨탑과 현란한 스테인드글라스는 고딕 양식이다. 이 성당에서 모차르트가 결혼식을 올린 것으로도 유명하다.

❷ 게른트너 거리

빈의 오페라 극장에서 슈테판 성당 사이의 보행자 전용거리를 말한다. 브랜드 매장, 카페, 레스토랑 등이 거리의 양쪽으로 줄지어 있어서 가장 번화한 곳이다. 저녁이 되면 상점의 네온사인과 여행객들이 어우러져 또 하나의 볼거리를 제공한다.

❸ 국립 오페라 극장

음악의 도시 빈을 대표하는 오페라 극장으로 슈테판 성당에서 빈의 최고 번화가인 게른트너 거리를 통해 이어진다. 모차르트가 1787년에 작곡한 오페라 돈 조반니를 개관기념 작품으로 하여 1869년에 개관하였다. 2차 세계대전 때 많이 파괴되어

이후에 10년간의 건축기간을 거쳐 1955년 가을에 2,200여 객석으로 새롭게 개장되어 현재 연간 300회 이상 오페라 공연과 뮤지컬 공연이 이루어지고 있다. 빈 필하모닉 관현악단은 이 극장의 전속 관현악단이다.

❹ 쉔브룬 궁전

'쉔'은 아름답다는 뜻이고, '브룬'은 우물을 의미해서 아름다운 우물^(분수)이 있는 궁전이라는 의미를 갖고 있다. 신성 로마제국 합스부르크 왕족들이 이 곳에서 여름휴가를 보냈던 여름 별궁으로 로코코 형식으로 만들어진 화려하고 아름다운 궁전이다. 50만 평에 이르는 대

지와 1,441개의 방이 마련되어 있는 궁궐, 700여 종의 동물들이 있는 유럽에서 가장 오래된 동물원, 열대 식물원 등 유럽을 호령했던 합스부르크 왕가의 권력을 보여주고 있다.

쉔브룬 궁전의 최초 창시자는 신성 로마제국의 황제인 막시밀리안 2세로 그는 1569년에 처음으로 동물원과 식물원을 만들었으나 오스만 제국과의 전쟁으로 궁전 전체가 파괴되었다. 그래서 1696년 레오폴드 1세가 3년간에 걸쳐 새롭게 복구하였고, 그 후 합스부르크 왕가의 유일한 여성 통치자이며, 합스부르크 왕가의 마지막 군주

였던 마리아 테레지아가 건축가 니콜로 파카시에게 로코코 양식으로 궁전을
건축할 것을 명하였고, 1744년에서 1750년까지 파카시의 손에 의해 완성단계
에 이르게 되었다.

1918년 왕가가 붕괴되고 새로운 오스트리아 공화국이 출범하자 쉔브룬 궁
전은 박물관으로 이용되었고, 2차 세계대전이 끝나고 오스트리아가 연합군에
점령당했을 동안 영국군을 비롯한 연합군의 회담장소로 이용되기도 하였다.

❺ 시립공원

빈의 시립공원은 빈에서 가장 오래된 공원으로 1820년에 조성되어 빈 귀족
들의 사교장으로 이용되었다. 1921년에 바이올린을 켜는 황금빛의 요한 스트라
우스 상이 설치되었고, 헝가리 음악가 레하르의 흉상, 베토벤 상, 모차르트 상,

슈베르트와 브루크너 상도 있으며, 엘리자베스 황후의 상도 설치되어 있다.

모차르트 동상 인근에는 외국에서 들여온 다양한 종류의 나비들이 살고 있는 유리 온실이 있으며, 차를 마시거나 식사를 할 수 있는 카페와 레스토랑도 있다. 항상 꽃과 수목이 우거져 있으며, 생음악으로 왈츠 연주 등 다양한 공연이 이루어져 현재는 빈 시민들이 즐겨 찾는 안식처가 되었다.

2) 멜크

오스트리아 니더외스터라이히 주에 위치한 도시로 976년부터 1106까지 바벤베르크 왕조의 수도였던 곳이다. 면적은 25.71km², 인구는 5천 명을 조금 넘는 정도이다. 도나우 강을 따라 상류로 올라가다 멜크 강이 합류하는 부분에 위치하고 있으며, 멜크 수도원을 보기 위해 세계의 관광객들이 찾고 있는 곳이다.

멜크 수도원

1106년 바벤베르크 왕조가 왕궁과 주위 땅을 베네딕투스 수도회에 기증하여 수도원으로 이용되어 오다가 1702~1726년 바로크 양식으로 개축을 통해 웅장하고 화려한 멜크 수도원이 완공되었다. 움베르토 에코가 쓴 추리소설 '장미의 이름'의 배경이 된 곳이며, 멜크 수도원은 1140년 오스트리아에서 가장 오래된 학교인 멜크 수도원 부속학교를 설립하였다. 도서관에는 저자가 직접 손으로 써서 10세기부터 내려오는 1,800여 권의 필사본과 10만여 권의 장서가 소장되어 있다.

3) 잘츠부르크

빈으로부터 서쪽으로 약 300km 떨어져 있는 오스트리아의 서부, 독일의 국경 근처 잘차흐 강 양쪽 기슭에 자리 잡은 도시로 잘츠부르크 주의 주도이다.

잘츠부르크

잘츠부르크는 알프스의 관문으로 아름다운 자연과 2차 세계대전으로 많이 파괴되기도 하였지만 바로크 양식의 성당과 궁전이 아직도 잘 보존되어 있어 관광도시로 널리 알려져 있으며, 모차르트의 출생지 및 스키와 스케이트도 성행하여 동계 스포츠의 도시이기도 하다. 또한 '잘츠(salz)'는 독일어로 '소금'을 의미하여 잘츠부르크는 '소금의 산'을 의미하는데, 도시의 명칭 그대로 소금 산지로 유명하다.

❶ 헬브룬 궁전

1612년부터 1615년까지 마르쿠스 지티쿠스 대주교가 잘츠부르크에서 동남쪽으로 10km 정도 떨어진 곳에 세운 자신의 여름 별궁이다. 궁전 내부에서 재미있는 사실 한 가지는 다양한 분수들이 탁자, 의자, 문지방 등 상상할 수 없는 곳에서 물을 뿜어내 관광객들을 즐겁게 해준다.

❷ 모차르트 생가

볼프강 아마데우스 모차르트는 1756년 1월 27일에 잘츠부르크의 쇼핑가인 게트라이데 거리에 있는 진한 황색건물 3층에서 태어나서 17세까지 살았으며, 1985년 국제 모차르트 협회에서 주위의 건물들을 더 사들여 박물관으로 운영하고 있다. 모차르트의 유년시절 작품은 거의 이곳에서 작곡되었으며, 1층에는 그가 생전에 사용했던 침대, 바이올린, 피아노, 초판 악보 그리고 모차르트의 초상화, 편지 등이 전시되어 있고, 2층에는 모차르트의 100여 개 오페라 무대의 축소된 모형과 소품들이 전시되어 있으며, 3층에는 모차르트의 가족들, 4층에는 잘츠부르크에서의 모차르트의 생활상이 소개되어 있다.

❸ 미라벨 정원

미라벨 정원은 1606년 볼프 디트리히 폰 라이테나우에 의해 오스트리아 잘츠부르크에 지어졌다. 분수와 연못, 대리석 조각물과 꽃 등으로 장식되어 아름다운 곳으로 영화 '사운드 오브 뮤직'에서 여주인공 마리아가 어린이들과 함께 '도레미 송'을 불렀던 곳으로 더욱 유명해졌다.

❹ 잘츠부르크 대성당

17세기에 오스트리아의 잘츠부르크에 지어진 바로크 양식의 건축물로 잘츠부르크 대교구의 주교좌 성당이다. 이곳에서 1756년 모차르트가 유아세례를 받았다. 성당 안에는 6천 가닥의 파이프가 사용되었고, 음색을 바꾸는 레지스터의 수가 101개나 되어 유럽에서 가장 크다는 파이프 오르간이 있으며, 만 명을 수용할 수 있는 대형 성당이다.

❺ 호엔잘츠부르크 성

원래 1077년 게브하르트 폰 할펜스타인 대주교가 건축한 요새 같은 성으로 유럽에서 가장 큰 중세시대 성이다. 산꼭대기에 위치해 있어서 시내 전경이 한눈에 들어오며, 1차 세계대전 때에는 나치 전범들을 수용하는 감옥으로 사용되었다. 1892년 운행을 시작한 페스퉁스반 케이블카를 타고 올라갈 수 있다.

4) 잘츠카머구트

잘츠카머구트

오스트리아 오버외스터라이히 주, 잘츠부르크 주, 슈타이어마르크 주에 걸쳐 있으며, 빈과 잘츠부르크 사이에 위치한 지방의 명칭이다. 해발고도 2,000m 이상 되는 알프스의 산자락과 70여 개의 호수가 있는 오스트리아의 대표적인 관광 및 휴양지이다.

아름다운 알프스의 산자락과 호수에서 하이킹과 수상 스포츠 등을 즐길 수 있으며, 호수를 배경으로 여유롭게 휴양을 즐길 수도 있다. 또한 잘츠카머구트에서 가장 환상적이고 아름다운 풍경을 지닌 할슈타트 마을은 감탄을 자아내게 한다.

❶ 장크트볼프강 호수

잘츠카머구트의 대표적인 호수이다. 잘츠카머구트는 잘츠부르크의 동쪽에

위치하고 있는 지역의 명칭으로 울창한 산과 아름다운 호수가 어우러져 있기 때문에, 수상 스포츠와 하이킹, 골프 등 다양한 레저를 즐길 수 있다. 특히 장크트볼프강 호수 주위는 맑은 물과 호반의 산책로가 아름다운 풍경을 연출하는 곳이다.

❷ 할슈타트

'잘츠카머구트의 진주'라고 불릴 정도로 동화 속의 호수마을과 같은 아름다운 경치를 자랑하는 할슈타트는 오스트리아의 오버외스트라이히 주에 속하며, 할슈타트 호수의 남서쪽에 위치한 마을이다.

할슈타트의 '할(hall)'은 고대 켈트어로 '소금'이라는 의미를 지니고 있는데, 할슈타트는 자연경관뿐만 아니라 BC 2000년부터 암염을 채굴해 온 세계 최초의 소금광산으로 유명했던 곳이다. 그 당시 귀한 소금의 산지였던 덕분에 풍요로운 생활을 할 수 있었으나 소금산업의 중심지가 옮겨가면서 현재는 아름다운 호숫가에 집을 지어 형성된 동화 속의 호수마을을 주제로 하는 관광산업이 발전하게 되었다.

Chapter 5

북아메리카

01 미국
02 캐나다

01

미국

캐나다

뉴욕

워싱턴

샌프란시스코   요세미티 국립공원

브라이스 캐니언 & 자이언 캐니언

캘리코 은광촌   그랜드 캐니언

라스베이거스

로스앤젤레스

미국
(United States of America)

태평양

멕시코

멕시코만

대서양

쿠바

오아후 섬
마우이 섬
하와이 섬

1 국가 개요

1) 개 요

정식국명	아메리카합중국(United States of America)
수 도	워싱턴 D.C
언 어	영어
민 족	다민족
정치체제	연방공화국, 대통령중심제
1인 GDP	$59,609 / 세계 8위(2017년 / IMF 기준)
빅맥지수	$5.3
위 치	북아메리카
면 적	9,826,680km² / 세계 3위(CIA 기준)
기 후	대륙성 기후, 온대 및 아열대 기후, 지중해성 기후, 사막 기후
인 구	약 326,625,791명 / 세계 3위(2017년 / CIA 기준)
종 교	개신교, 가톨릭
통화·환율	달러(USD), 1달러 = 1,132원(2017년 10월 기준)
시 차	GMT-5 ~ GMT-10
비행시간	인천 → LA(약 11시간), 인천 → 뉴욕(약 14시간)

2) 지리적 특성

북아메리카 대륙에 위치해 있으며, 50개 주와 1개의 특별구로 이루어진 나라이다. 북쪽으로는 캐나다, 남쪽으로는 멕시코와 국경을 마주하고 있다. 동쪽으로는 대서양, 서쪽으로는 태평양이 있다.

3) 기후

미국 본토의 기후는 넓은 국토면적 만큼 다양한 기후를 보이고 있다. 미국 본토의 서남쪽은 사막 기후, 서쪽은 지중해성 기후, 남동쪽은 열대사바나 기후, 동북쪽은 우리나라와 비슷한 기후를 보이고 있다. 알래스카 지방은 툰드라 기후이며, 태평양 가운데에 위치한 하와이는 아열대성 기후이다.

워싱턴

요소 \ 월별	1월	2월	3월	4월	5월	6월	7월	8월	9월	10월	11월	12월
최저기온 (℃)	-2.9	-1.6	3.2	8.0	13.7	19.2	21.9	21.1	16.9	10.2	5.1	-0.2
최고기온 (℃)	5.7	7.7	13.6	19.3	24.6	29.3	31.4	30.5	26.7	20.6	14.6	8.3
강수량 (mm)	69.1	68.8	80.5	68.8	93.0	85.9	96.5	99.3	84.1	76.7	79.2	79.2

4) 문화

🇺🇸 음식

미국 음식은 신대륙 발견 전부터 이곳에서 살던 인디언 원주민의 식생활문화와 초기 식민세력이었던 스페인, 프랑스의 식문화 그리고 이후 미국의 지배세력이 된 영국의 식문화를 바탕으로 남미 음식과 동양 음식 등 다양한 국가의 음식문화가 합쳐지면서 세계적인 식생활문화를 보유하게 되었다. 대표적인 음식으로는 햄버거, 핫도그, 스테이크, 바비큐, 스팸, 버팔로 윙, 프라이드 치킨, 핫 브라운, 가공치즈, 샌드위치, 뉴욕피자, 랍스터, 잠발라야, 포테이토칩스, 스프요리 등 매우 다양하다.

@ 핫 브라운 : 핫 샌드위치의 일종으로 토스트한 빵 위에 칠면조, 베이컨, 소스를 얹고 겉면을 잘 그슬려서 만든 요리.

@ 잠발라야 : 닭고기와 소시지 등과 함께 양파, 마늘 고추, 토마토, 샐러드 등의 야채와 해산물을 넣고 볶다가 육수를 붓고 끓이는 밥 요리.

축 제

지역별로 다양한 축제들이 많이 있으며, 미국 독립기념일 축제, 크리스마스 축제, 할로윈 축제 등이 대표적이다.

5) 여행 정보

화 폐

미국의 화폐는 달러(USD)라고 불리며, 지폐로는 1달러, 2달러, 5달러, 10달러, 20달러, 50달러, 100달러가 있다. 동전으로는 1센트, 5센트, 10센트, 25센트, 50센트, 1달러가 있다.

전압 및 콘센트

미국의 전압은 110~120V, 60Hz이며, 콘센트는 11자 모양이므로 미국 방문 시에는 별도의 멀티어댑터가 필요하다.

2 관광지 정보

📖 대표 여행상품

상품명	여행지역
미 서부 8일	샌프란시스코, 요세미티 국립공원, 라스베이거스, 그랜드 캐니언, 로스앤젤레스 등
미 동부 7일	뉴욕, 워싱턴, 나이아가라 폭포 등
미 남부 7일	마이애미, 올랜도 등
미 서부/미 동부 12일	샌프란시스코, 로스앤젤레스, 뉴욕, 워싱턴 등
미 서부/미 동부/하와이 15일	샌프란시스코, 로스앤젤레스, 뉴욕, 워싱턴, 하와이 등
하와이 6일	오아후 섬(와이키키비치, 하나우마 베이 등)
알래스카 8일	앵커리지, 발데즈, 타키즈나 등

📖 미 서부 8일 일정 🚗

날짜	지역	교통편	세부 일정
제1일	인 천 샌프란시스코	항 공 전용버스	인천 출발 샌프란시스코 도착 금문교, 차이나타운, 피셔맨즈워프 등 관광
제2일	샌프란시스코 요세미티 프레즈노	전용버스	요세미티 국립공원으로 이동 요세미티 국립공원 관광 프레즈노로 이동
제3일	프레즈노 라플린	전용버스	프레즈노 출발 캘리코 은광촌 관광 라플린으로 이동
제4일	라플린 그랜드 캐니언 캐 납	전용버스	그랜드 캐니언으로 이동 그랜드 캐니언 관광 캐납으로 이동
제5일	캐 납 브라이스 캐니언 자이언 캐니언 라스베이거스	전용버스	브라이스 캐니언으로 이동 후 브라이스 캐니언 국립공원 관광 자이언 캐니언으로 이동 후 자이언 캐니언 국립공원 관광 라스베이거스로 이동
제6일	라스베이거스 로스앤젤레스	전용버스	로스앤젤레스로 이동 코리아타운, 유니버설 스튜디오, 맨즈차이니스 극장, 할리우드 거리 등 관광
제7일	로스앤젤레스	항 공	로스앤젤레스 출발
제8일	인 천		인천 도착

1) 샌프란시스코(San Francisco)

샌프란시스코

　미국 서부 지역 태평양 연안의 샌프란시스코 만에 위치해 있으며, 로스앤젤레스에 이어 서부 지역의 대표적 도시로 교육과 문화의 중심도시이다. 금문교(골든게이트 브리지)와 비탈길을 달리는 케이블카 등은 샌프란시스코의 대명사이며, 시가지 전체가 아름답고 조용한 편이다.

　여름에는 서늘하고 겨울에는 따뜻한 지중해성 기후조건을 갖추고 있으며, 세계의 수많은 관광객들이 모여드는 곳이다. 주요 관광대상으로는 금문교,

차이나타운, 시청사, 피셔맨즈워프 등이 있다. 또한 세계 각처에서 많은 인종이 모여들어 동일한 공동체를 형성하고 있는 국제도시이다.

❶ 금문교(Golden Gate Bridge)

캘리포니아 주 서안의 태평양과 샌프란시스코 만을 잇는 골든게이트 해협에 설치되어 있는 길이 2,825m, 너비 27m의 현수교로 샌프란시스코 시와 북쪽 맞은편의 마린 카운티(Marine County)를 연결하고 있다.

Golden Gate(금문)라는 명칭은 골드러시 시대에 샌프란시스코 만을 부르던 이름이다. 당시 골든게이트 해협은 페리가 유일한 교통수단이었으며, 안개가 많은 날씨와 함께 거센 조류, 수면 아래의 복잡한 지형 등으로 다리의 건설이 불가능할 것으로 여겨지고 있었다. 그러나 실현 불가능할 것으로 보였던 꿈은 조셉 B. 스트라우스의 설계와 설득으로 1933년에 착공하여 4년만인 1937년에 개통하였다.

안개가 많이 끼는 지역 특성을 고려하여 선명한 오렌지색으로 칠하였으며, 지금은 샌프란시스코의 상징물이 되었다. 걸어서 다리를 건널 경우에는 약 50분 정도 소요되고, 도로면은 수면으로부터 66m 높이에 있으며, 수심이 깊어 대형 배도 통과할 수 있다. 세계에서 가장 아름다운 다리로 꼽히며, 다리 양단에 공원을 조성하여 관광객을 유치하고 있다. 금문교의 건설은 1996년 미국토목학회(ASCE)가 선정한 현대 토목건축물 7대 불가사의 중 하나로 꼽히고 있다.

❷ 차이나타운(China Town)

미국 내에서 뉴욕 다음으로 큰 차이나타운, 게스트 웨이가 있는 부쉬 스트리트(Bush Street) 주변에는 양초상, 특산물 상점, 레스토랑, 보석상점 등이 있다. 그랜트 애비뉴와 스탁턴 스트리트 사이에 있는 골목은 녹용, 해마와 같은 약재 상점과 이국적인 물품을 판매하는 상점들이 위치해 있다.

❸ 피셔맨즈워프(Fisherman's Wharf)

'어부들의 부두'로 불리듯이 해안가를 따라 해산물 레스토랑과 쇼핑센터, 위락시설 등이 밀집되어 있는 선창가 거리이다. 항상 많은 사람들로 붐비며, 관광객들은 물론이고 현지인들에게도 인기가 높은 지역이다. 이곳에서 가장 유명한 지역은 39번 부두(Pier 39)이며, 해산물 레스토랑에서의 식사, 커피숍에서의 휴식과 바닷가에 누워 휴식을 취하고 있는 물개들의 모습, 거리 공연 등을 보며 여행의 즐거움을 만끽 할 수 있는 곳이다.

2) 요세미티 국립공원(Yosemite National Park)

엘로우스톤 파크, 그랜드 캐니언과 함께 미국의 3대 국립공원으로 꼽히는 요세미티 국립공원은 캘리포니아 주 중부 시에라 네바다(Sierra Nevada) 산맥 서쪽 사면에 위치한 산악지대로, 빙하의 침식으로 만들어진 절경으로 유명하다.

요세미티 국립공원

약 1백만 년 전 빙하의 침식작용으로 화강암 절벽과 U자형의 계곡이 형성되었고, 이어 1만여 년 전 빙하가 녹기 시작하면서 300개가 넘는 호수, 폭포, 계곡 등이 만들어졌다. 1890년 미국의 국립공원으로 지정되었으며, 1984년 유네스코 자연유산에 등록되었다.

3) 캘리코 은광촌(Calico Ghost Town)

캘리코 은광촌

캘리포니아의 작은 마을에 불과했던 캘리코 마을은 서부 개척시대인 1881년을 기점으로 많은 은의 발굴과 함께 급속도로 인구가 늘어 한때 캘리포니아 최대 도시 중 하나로 발전하였다. 그러나 1896년 이후 은값 하락으로 인해 사람들 이 떠남으로써 유령의 마을이라는 별칭이 붙을 정도로 황폐화되었다. 그 후 LA의 테마공원 넛츠베리팜을 세운 월트 넛츠가 은광촌 당시의 사진을 기초로 복원해서 1966년 샌버나디노 정부에 기증하였다. 현재에는 관광객들이 서부 개척시대 미국의 모습을 보고 느낄 수 있기 때문에 관광명소로 발전하였다.

4) 라스베이거스(Las Vegas)

네바다 주의 동남부 사막에 자리 잡고 있는 미국 최대의 관광도시 중 하나이다. 에스파냐어로 '초원'이라는 뜻을 갖고 있는 라스베이거스는 19세기 말까지는 소규모의 광업과 축산업을 하는 마을이었다. 그러나 1905년에 남 캘리포니아와 솔트레이크 시티를 잇는 철도가 완성되면서 현대적인 도시로 변모하기 시작하였다. 1936년에는 그 당시로서 세계 최대의 후버 댐이 완성되면서 저렴한 전기를 기반으로 카지노가 늘어나고 관광과 환락의 도시로서 각광받게 되어 네바다 주의 최대 재원이 되었다. 또한 연중무휴의 사막 휴양지로서 호화스런 호텔과 레스토랑 및 카지노 등이 즐비하며, 야간에도 관광객으로 성황을 이루는 환락의 도시로 성장하였다.

카지노에 의한 수입이 많기 때문에 호텔, 음식, 쇼 등의 비용이 미국의 다른 관광도시에 비해 비교적 저렴한 편이다. 카지노에서 펼쳐지는 게임, 호화로운 쇼, 레스토랑 등 24시간 동안 즐길 수 있는 도시이다. 라스베이거스의 시내 구조는 크게 스트립구역과 다운타운으로 구분할 수 있다. 스트립구역은 MGM 호텔과 미라지 호텔, 트래저아일랜드 호텔 등이 약 5km에 걸쳐 늘어서 있는 화려한 분위기의 거

리이다. 그에 비해 다운타운 지역은 서민적인 분위기의 거리이다. 카지노를 기반으로 성장한 라스베이거스는 부정적인 이미지를 썻고 사업 다각화를 위해 컨벤션의 도시로 거듭나고 있다.

5) 브라이스 캐니언과 자이언 캐니언

❶ 브라이스 캐니언 국립공원(Bryce Canyon National Park)

Global Tour

브라이스캐년 & 자이

유타 주에 있는 국립공원으로 수만 개의 바위기둥이 섬세한 첨탑모양을 하고 있는 거대한 계단식 원형부지이다. 수만 개를 헤아리는 기묘한 첨탑들은 모두 물의 힘에 의해 만들어진 것이다. 바다 밑에 있을 때 토사가 쌓여서 형성된 암석이 지방에 우뚝 솟은 후 빗줄기와 흐르는 물의 힘에 의해 다시 본래의 토사로 변하여 흘러 내려가는데, 비교적 단단한 암석만 침식되지 않고 남아서 무수한 첨탑이 생긴 것이라고 한다. 관광객들을 위한 13개의 전망대가 있으며 공원 전체에 도로가 잘 포장되어 있다. 1928년 국립공원으로 지정되었다.

❷ 자이언 캐니언^(Zion Canyon)

유타 주 남서부^(라스베이거스로부터 216km)에 위치해 있으며, '신의 정원'이라는 의미를 갖고 있는 국립공원 지대이다. 붉은색의 약한 퇴적암석을 파고들어간 가파른 수직 절벽과 함께 바닥까지 햇빛이 닿지 않을 정도의 매우 깊은 협곡이 형성되어 있다. 이곳은 지난 400만 년간 버진 강의 북쪽 지류인 노스포크에 의해 깎여 왔다. 자연의 위대함을 느끼게 하는 연속적으로 이어진 수직 절벽과 엄청난 바위 절벽의 국립공원으로 다양한 식물과 동물들이 서식하고 있다. 자이언 국립공원에서 가장 큰 협곡인 자이언 캐니언은 쉬운 코스부터 고난도 등반기술을 요하는 어려운 코스까지 다양한 등산로를 보유하고 있다. 1919년 국립공원으로 지정되었다.

6) 그랜드 캐니언(Grand Canyon)

애리조나 주의 북서부 지역에 2,580km²의 면적으로 자리 잡고 있는 미국의 국립공원으로 미 대륙의 광활함을 여실히 보여주는 세계적 명성의 관광지이다. 자연의 위대함과 신비로움을 고스란히 간직한 곳으로 4억 년이 넘는 세월 동안 콜로라도 강의 급류가 만들어 낸 대협곡이다. 총 길이는 446km에 걸쳐 펼쳐져 있고 해발고도는 무려 2,133m에 이른다. 애리조나의 북부, 동에서 서로 흐르는 콜로라도 강의 총 길이 347km 중 170km가 그랜드 캐니언 국립공원으로 지정되어 있다. 사우스 림(South Rim)과 노스 림(North Rim)으로 구분되며, 관광객들은 주로 사우스 림을 방문한다. 차를 타고 그랜드 캐니언의 구석구석을 둘러볼 수 있으며, 경비행기를 이용하여 하늘에서 대자연의 경이로움을 느껴볼 수도 있다.

그랜드 캐니언 아이맥스 영화관에서는 「Grand Canyon-The Hidden Secrets」를 30여 분간 상영한다. 영상물을 통해 거대한 계곡, 국립공원의 역사, 야생동물 및 볼거리 등을 생생하게 감상할 수 있다. 1919년에 국립공원으로 지정되었으며, 1979년에는 유네스코 세계자연유산으로 지정되었다.

기) 로스앤젤레스(Los Angeles)

캘리포니아 주 남서부에 위치한 상공업 도시로 코리아타운과 디즈니랜드로 낯익은 로스앤젤레스는 우리에게도 친숙하게 여겨지는 곳이다. 미국 3대 도시의 하나로 위성도시 인구를 포함하면 뉴욕 다음 가는 규모이며, 우리나라와 미국을 오가는 관문으로서의 역할을 하고 있다.

천사의 도시라는 별칭을 가지고 있으며, 현재 할리우드를 중심으로 한 영화산업으로 번창해 있다. 유니버설 스튜디오, 디즈니랜드와 함께 태양과 정열이 넘치는 산타모니카 해변, 영화배우들의 호화 주택지인 비버리 힐즈 등 관광명소가 많은 곳이다. 세계 최대의 영화산업·테마파크 산업과 함께 미 서부 지역 관광거점도시로서의 역할을 하고 있다.

로스앤젤레스

❶ 한인 타운(Korea Town)

미국 내 최대의 한인 밀집지역으로 미드 윌셔를 중심으로 올림픽 블루바드 일대, 웨스턴과 버몬트 애비뉴 지역 일대를 포괄한다. 1970년대에 상대적으로 지가가 저렴하고 접근성이 좋은 올림픽가에 한인들의 상업시설과 주택이 분포하기 시작하면서 지금의 타운이 형성되었다. 한글 간판의 노래방, PC방, 한국계 은행, 호텔, 병원 등이 곳곳에 있고, 다양한 한국식당에서는 LA의 다른 지역보다 저렴하게 식사를 할 수 있다.

② 유니버설 스튜디오 (Universal Studios Hollywood)

할리우드 북쪽에 위치한 170만km² 면적의 세계 최대 영화와 TV 촬영 스튜디오 및 테마파크이다. 영화세트장 및 영화에 나왔던 장면의 연출과 함께 특수효과를 재현하거나 스턴트맨들에 의한 실감나는 장면들을 관람할 수 있다. 예전에 전 세계적으로 상영되었던 영화 '킹콩', '워터월드'

와 이외에 수많은 영화세트를 관람 및 체험할 수 있으며, 또한 다양한 놀이기구도 즐길 수 있다.

트램을 타고 할리우드 영화와 TV 촬영이 이루어졌던 스튜디오 및 세트를 돌아보는 스튜디오 투어(Studio Tour)는 필수 코스로 꼽힌다. 애니메이션을 소재로 한 '더 심슨즈 라이드'나 '슈렉 4D'는 아이들이 좋아하는 프로그램이며, 영화 '미라', '쥐라기 공원 더 라이드', '터미네이터 2: 3D' 등을 소재로 한 프로그램 등 다양하다. 이와 같이 유니버설 스튜디오는 각종 위락시설과 대형 영화관 등 볼거리가 풍성해서 관광객의 발걸음이 끊이지 않는 LA의 대표적 관광명소이다.

🚋 트램투어(Tram Tour) : 총 4량의 트램을 타고 영화세트와 영화의 명장면을 구경하는 투어

🚋 스튜디오 센터(Studio Center) : 유명한 영화의 특수촬영 장면을 견학하는 곳으로 특수촬영 기법을 이해하고 직접 참여할 수 있는 곳

🚋 엔터테인먼트 센터 : 가장 인기 있는 곳으로 백투더퓨처, 터미네이터, 워터월드 등 여러 가지 종류의 다양한 쇼를 구경할 수 있는 멋진 곳

❸ 맨스 차이니스 극장(Mann's Chinese Theatre)과 스타들의 거리

건물의 외관과 내부의 모습이 중국의 사원 건축을 닮았다 하여 차이니즈 극장이라는 이름이 붙었다. 이전에는 그라우만스 차이니스 극장(Grauman's Chinese Theater)으로 불렸으나, 극장 왕 테드 맨(Ted Mann)이 극장을 매입하면서 지금의 이름으로 바뀌었다.

이곳이 할리우드의 명소가 된 것은 그 독특한 중국식 건축 양식과 함께 극장 앞마당 콘크리트 바닥에 유명 스타들의 손과 발자국이 사인과 함께 새겨져 있기 때문이다. 지금까지 2백 명이 넘는 유명 영화배우의 손과 발 문양, 그리고 사인이 바닥에 새겨져 있다. 이 극장 홈페이지에서는 각 스타들의 프린트가 새겨진 장소를 찾아볼 수 있다.

❹ 디즈니랜드(Disney Land Park)

만화영화 제작자로 유명한 월트 디즈니가 1955년 로스앤젤레스의 남동쪽으로 43km 떨어진 애너하임 시에 건설한 세계 최고의 테마파크이다. 디즈니 영화의 역사, 미국 개척의 역사, 근대 과학과 함께 사랑, 꿈, 모험을 주제로 건설된 놀이공원이다.

공원 내에서 광장을 중심으로 메인 스트리트, 탐험의 나라, 뉴 올리언스 광장, 곰의 나라, 개척의 나라, 환상의 나라 등의 지역으로 나뉘어져 있다.

1971년 플로리다 주 올랜도에 디즈니랜드의 100배가 넘는 부지에 월트 디즈니월드를 개설하였고, 2001년 2월에는 디즈니랜드 바로 옆에 새로운 테마파크인 디즈니 캘리포니아 어드벤처를 개장했다.

❺ 비버리 힐즈(Beverly Hills)

캘리포니아 주 서남부, 로스앤젤레스 서쪽에 위치한 미국에서 손꼽히는 고급 주택가이다. 로스앤젤레스 시에 둘러싸여 있으나 로스앤젤레스 시와는 다른 별개의 행정구역을 형성하고 있다. 원래는 인디언이 살던 마을이었으나 이후 산타모니카 산맥 기슭에 마을이 생겨나면서 지금의 이름이 붙여졌다. 할리우드가 가까이에 있어 유명 영화배우나 사업가들이 살기 시작하면서 호화로운 고급 주택단지가 형성되었으며, 2010년 기준으로 인구는 34,290명이다.

세계의 최고급 브랜드들의 전시장인 로데오 드라이브(Rodeo Drive)도 이곳에 위치해 있으며, 유명 호텔과 대형 백화점들이 들어서 있어서 쇼핑을 하거나 배우들의 호화주택을 구경하려는 사람들이 몰려들어 관광지로 자리 잡게 되었다. 대저택과 함께 영화산업의 중심지 할리우드와 인접해 있어 드라마나 영화 촬영 장소로도 유명하며, 시에서도 이에 대해 적극적으로 협력하고 있다. 이와 같은 배경으로 인하여 시의 재정도 풍부하여 독자적인 경찰을 운영하고 있어서 치안 수준도 매우 높은 편이며, 캘리포니아 대학교 로스앤젤레스 캠퍼스(UCLA)도 이곳에 위치해 있다.

📖 미 동부 7일 일정 🚗

날짜	지역	교통편	세부 일정
제1일	인 천 뉴 욕	항 공 전용버스	인천 출발 뉴욕 JFK 공항 도착 센트럴파크, 메트로폴리탄 박물관 등 관광
제2일	뉴 욕 워싱턴	전용버스	워싱턴으로 이동 국회의사당, 백악관, 스미소니언 박물관, 제퍼슨 기념관, 한국전 참전용사 기념비 등 관광
제3일	워싱턴 나이아가라	전용버스	나이아가라로 이동 나이아가라 폭포 관광
제4일	나이아가라 뉴 욕	전용버스	나이아가라 폭포, 주변 관광 HORNBLOWER 탑승 체험 뉴욕으로 이동
제5일	뉴 욕	전용버스	자유의 여신상, 유람선 승선, 엠파이어스테이트 빌딩 전 망대 관람 등 관광
제6일	뉴 욕	항 공	뉴욕 JFK 공항 출발
제7일	인 천		인천 도착

8) 뉴욕(New York)

미국 북동부, 뉴욕 주의 남쪽 끝에 위치한 세계 최대, 최고의 항구도시이다. 상업, 금융, 미디어, 예술, 패션, 연구, 기술, 교육, 엔터테인먼트 등 많은 분야에 걸쳐 큰 영향을 끼치고 있으며, 세계의 문화 수도로 불리기도 한다. 또한 세계 정치의 중심이라고 할 수 있는 국제연합(UN) 본부가 위치해 있으며, 금융 중심지인 월가(Wall Street)와 뉴욕 증권거래소(NYSE), NASDAQ 등이 위치해 있어서 세계 경제의 수도라고도 불리고 있다. 또 많은 대학·연구소·박물관·극장·영화관 등 미국 문화의 중심지로도 중요한 위치를 차지하고 있다. 뉴욕은 맨해튼, 브루클린, 퀸스, 브롱크스, 스태튼 아일랜드와 같은 5개의 자치구로 이루어져 있으며, 맨해튼은 시의 중심부이고, 그 남단에 월가(Wall Street)가 위치해 있다. 주요 관광지로는 자유의 여신상, 센트럴 파크, 타임 스퀘어, 브로드웨이, 엠파이어스테이트 빌딩 등이 있다.

❶ 센트럴 파크(Central Park)

센트럴 파크

뉴욕 시의 맨해튼에 있는 남북 4.1km, 동서 0.83km 길이의 직사각형으로 면적은 3.41km²에 이르는 세계에서 손꼽히는 도시공원이다. 1800년대 중반에 맨해튼의 도시화가 본격적으로 진행되면서 시민들을 위한 열린 공간의 필요성이 제기되었다. 1853년 공원 부지 확보를 위하여 550만 달러를 투입하였다. 이후 1857년부터 설계공모를 시작으로 몇 번의 공사를 통해 1876년 현재의 공원 형태를 갖추게 되었다. 공원 내에는 숲과 산책로, 저수지, 호수, 잔디광장, 메트로폴리탄 박물관, 공원의 경관을 조망할 수 있는 곳, 분수, 센트럴 파크 동물원, 야외 원형극장 등의 명소들이 있다. 공원 주변에는 현대적인 건축물들이 있어서 공원과 독특한 조화를 이루고 있다.

공원 주위의 10km 내외는 산책을 즐기는 사람들, 자전거를 타거나 인라인 스케이트를 타는 이들로 붐빈다.

❷ 메트로폴리탄 뮤지엄(Metropolitan Museum of Art)

맨해튼에 위치한 미국 최대의 미술관으로 프랑스의 루브르 박물관, 영국의 대영 박물관과 함께 세계 3대 박물관으로 꼽힌다. 많은 사람들의 기증을 받아 현재는 330만 점이 넘는 소장품이 있다. 유명 회화 등 미술 공예품 외에 역사적인 유물 등 다양한 장르의 작품을 관람할 수 있다. 특히 세계적인 걸작이 대부분인 3천 점의 유럽 회화는 메트로폴리탄 미술관에서 가장 주력하고 있는 부문이다. 총 236개 전시실이 있으며, 하루 종일 관람하여도 일부분밖에 볼 수 없을 정도의 규모이다.

자유의 여신상

❸ 자유의 여신상(The Statue of Liberty)

미국과 자유를 동시에 상징하는 조형물로 뉴욕항으로 들어오는 허드슨 강 입구의 리버티섬(Liberty Island)에 세워진 조각상이다. 프랑스가 1886년에 미국 독립 100주년을 기념하여 기증한 것으로 1875년에 만들기 시작하여 약 9년에 걸쳐 완성되었으며, 해체하여 1885년 배를 통해 미국으로 이송되어 현재의 위치에 세워졌다. 소재는 동으로 만들어졌으며, 총 높이는 93.5m(햇불까지의 높이 46m, 받침대 높이 47.5m), 집게손가락 하나가 2.44m, 무게는 225t에 달한다.

조형물은 겉으로 보기에는 조각의 형태를 띠고 있지만 내부에는 계단과 엘리베이터가 설치되어 있는 건축물의 형태를 띠고 있으며, 여신상의 왕관 부분에는 뉴욕을 내려다 볼 수 있는 전망대가 설치되어 있다. 머리에 쓰고 있는 왕관의 7개의 뿔은 7개 대륙을 상징하며, 과거 아메리칸 드림을 꿈꾸며 이민을 왔던 이민자들에게 햇불을 들고 있는 자유의 여신상은 자유와 희망의 상징이었다. 오른손에는 '세계를 비추는 자유의 빛'을 상징하는 햇불과 왼손에는 '1776년 7월 4일'이라는 날짜가 새겨진 독립선언서를 들고 있다. 리버티 아일랜드까지 가는 페리는 맨해튼의 배터리 파크에서 탑승하여 약 35분 정도가 소요된다. 1984년 유네스코 세계유산으로 지정되었다.

❹ 엠파이어스테이트 빌딩(Empire State Building)

맨해튼에 자리 잡고 있는 뉴욕의 상징적 고층 빌딩이다. 높이 약 400m의 102층 빌딩으로 처음 완공됐을 당시에는 세계에서 가장 높은 건물이었다. 밤이 되면 빌딩 위쪽의 30층에 다양한 색의 조명이 켜지는데, 미국 독립기념일이나 계절에 따라 흰색, 노란색, 초록색, 빨간색 등 다양한 색으로 조명이 바뀐다. 엠파이어스테이트 빌딩에는 입장료를 내고 올라갈 수 있는 86층, 102층 두 곳에 전망대가 있다. 전망대에서 바라보는 맨해튼 시내 전경은 감동을 자아내기에 충분하다.

엠파이어스테이트 빌딩

⑤ 월스트리트(Wall Street)

맨해튼 남쪽 끝에 위치한 세계 금융과 경제의 중심지이다. 이곳은 17세기 초, 이곳에 정착하여 살던 네덜란드인들이 자신들의 보금자리에 인디언이 침입하는 것을 막기 위해 벽(Wall)을 쌓았는데, 여기서 지금의 월가(Wall Street)라는 명칭이 생겨났다. 이후 1792년, 뉴욕 증권거래소가 이곳에 들어서면서 금융기관들이 하나둘씩 모이기 시작했다. 현재에는 세계 제일의 규모를 자랑하는 뉴욕 증권거래소를 비롯하여 증권회사와 은행 등이 밀집되어 있으며, 오늘날 이곳의 주가 동향은 전 세계의 경제에 큰 영향을 미치고 있다.

❻ 미국 자연사 박물관(American Museum of Natural History)

센트럴 파크 서쪽으로 위치해 있으며, 9만㎡의 규모에 자연과학의 연구와 지식 보급에 기여하고자 1869년 창립된 세계적인 박물관이다. 세계 각지의 인류학, 식물학, 천문학, 지질학, 어류학, 포유류학, 조류학, 곤충학, 민속학 등 다양한 분야의 자료를 수집하여 약 1,600만 점의 자료를 소장하고 있다. 42곳의 전시관에는 세계 최대의 운석과 길이 12m, 높이 6m의 공룡 뼈대, 94피트 높이의 푸른 고래 모사품 등 다양한 자료들이 전시되어 있다.

⑦ 타임 스퀘어(Times Square)와 브로드웨이(Broadway)

타임스퀘어

맨해튼 중심부에 위치한 번화가이다. 1899년 오스카 헤머슈타인이 이곳에 최초로 극장을 세우면서 브로드웨이 공연문화가 시작되었다. 또한 1903년에는 뉴욕타임스가 이곳으로 이전해 오면서 뉴욕 최고의 번화가 타임 스퀘어(Times Square)를 탄생시켰다. 타임 스퀘어와 인근 지역은 공연장, 극장, 상점, 레스토랑 등이 집중되어 있는 미국에서 가장 번화하고 분주한 유흥지역으로서 무대예술의 본산지 역할을 하고 있다.

브로드웨이(Broadway)는 말 그대로 크고 넓다는 것을 뜻하는데, 브로드웨이의 극장가와 화려한 네온사인, 거리의 공연예술가 등의 볼거리와 즐길거리를 찾아 많은 사람들로 붐빈다. 또한 12월 31일 밤이 되면 제야의 행사를 진행하고 있어 새해맞이를 하기 위해 많은 인파가 몰려들기도 한다.

⑧ 소호(Soho)

소호라는 명칭은 'South of Houston'의 약어로 뉴욕 맨해튼의 남쪽에 위치한 화랑 밀집지대를 말한다. 1900년대 초, 패션사업 관련 업체들이 이 지역을 떠나면서 황폐해져 공장, 창고지구 등 빈민가로 전락하였다. 그러다가 전후의 맨해튼이 국제 무역도시로 성장하면서 공장의 수요가 줄어들어 임대료가 낮아지게 되자 1950년대부터 가난한 예술가들이 이주하기 시작했다.

1960년대에는 대형 작품을 제작, 수용, 전시할 공간을 필요로 했던 예술가들에게 이곳의 공장과 창고공간은 적절한 조건을 제공해줌으로써 예술가들의 생활과 작품 제작에 최적의 장소가 되었다. 이후 활기차고 감각 있는 화랑과 상점들이 잇따라 들어서면서 예술의 거리로 부상했다.

⑨ 나이아가라 폭포(Niagara Falls)

미국의 뉴욕과 캐나다의 온타리오 주 경계를 흐르는 나이아가라 강에 위치한 세계에서 가장 유명한 폭포 관광지이다. 미국 쪽 폭포의 높이는 56m, 폭은

나이아가라

335m, 캐나다 쪽 폭포는 높이 54m, 폭 610m의 규모를 자랑하고 있으며, 두 폭포 사이에는 고트섬이 있다. 해마다 1천만 명이 넘는 관광객들이 찾아오는 관광과 카지노 도시로 발전하였다. 강을 따라 들어선 퀸 빅토리아 공원, 말굽 폭포 근처까지 왕복하는 유람선인 메이드 오브 더 미스트(Maid of The Mist), 스카 일론 타워 같은 전망대 등이 대표적 관광포인트이다. 다양한 색의 조명으로 야간에도 아름다운 나이아가라 폭포의 장관을 감상할 수 있다.

9) 워싱턴 D.C.(Washington, D.C.)

국회의사당 & 백악관

미국의 수도이며, 국제정치와 외교의 중심지이다. 정식명칭은 '워싱턴 컬럼비아 특별구'이며, 워싱턴 D.C.로 약칭된다. 워싱턴 D.C. 라는 이름은 미국 초대 대통령 조지 워싱턴과 콜럼버스를 상징하는 'District of Columbia'에서 유래되었다. 미국의 어느 50개 주에도 속하지 않는 독립된 행정구역이다.

특별 자치구이기 때문에 연방정부의 입법·사법·행정기관들이 모여 있고, 대통령 관저는 물론 세계 최대 규모의 박물관들이 자리 잡은 문화의 중심지이기도 하다. 주요 관광지로는 국회의사당, 백악관, 스미소니언 박물관, 제퍼슨 기념관, 한국전 참전 기념비와 동상, 링컨 기념관, 워싱턴 기념탑 등이 있다.

❶ 국회의사당(United States Capitol)

미국 연방정부의 입법부인 미국 의회가 있는 건물이다. 워싱턴 D.C.의 내셔널 몰 동쪽 끝에 있는 캐피털 힐(Capitol Hill)에 자리 잡고 있다. 1793년에 착공하여 1800년에 완공되었으며, 미국을 상징하는 대표적인 건물이다. 돔이 우뚝 솟은 네오클래식 양식으로 지어져 있으며, 돔의 정상에는 청동으로 제작된 자유의 여신상이 위치하고 있다. 건물의 북쪽은 상원, 남쪽은 하원이 사용하며 가운데 돔의 바로 밑은 원형의 홀로 되어 있다. 돔 아래 부분의 벽에는 콜럼버스의 신대륙 상륙, 독립 선언 등의 미국 역사와 관련된 유화가 전시되어 있다.

❷ 백악관(White House)

　미국 대통령의 관저이다. 필라델피아가 수도이던 시절에 미국의 초대 대통령이었던 조지 워싱턴이 새 수도가 될 워싱턴에 1792년에 착공하여 1800년에 일부 완공하였고, 이후 1961년 존 F. 케네디 대통령 시절까지 보강공사가 이루어졌다.

　신고전주의 양식으로 지어진 백악관에는 조지 워싱턴이 재선에 패배하면서 제2대 대통령인 존 아담스부터 역대 미국 대통령이 모두 이곳에서 거주하게 되었다. 백악관은 원래는 '대통령의 집(President's House)'이라 불렸으나 1812~1814년 영국과의 독립 전쟁 당시 포화로 그을린 벽에 흰색 페인트칠을 하면서 '백악관(White House)'이라 불리기 시작했고, 루즈벨트 대통령 때부터 공식 명칭이 되었다. 백악관은 3층 규모로 1층에 대통령 집무실이 있으며, 2층과 3층은 대통령 일가가 생활하는 사적인 공간으로 구성되어 있다.

스미소니언 & 제퍼슨

❸ 스미소니언 박물관(Smithsonian Institution)

　자연사 박물관, 역사 박물관, 항공우주 박물관, 동물원 등을 비롯해 19개의 박물관·미술관·도서관 등 다양한 분야의 자료를 소장한 세계 최대 규모를 자랑하는 종합 박물관이다. 1846년 영국인 과학자 제임스 스미손(James Smithson)의 기부금으로 설립되었다. 1829년 사망 시 그는 55만 달러의 유산을 기부하며 "인류의 지식을 넓히기 위한 시설을 워싱턴에 세우고 싶다."는 그의 유언에 따라 조성되었다.

　항공우주 박물관에는 최초로 대서양을 횡단한 찰스 린드버그의 비행기, 1903년 세계 최초 동력 비행기인 라이트 형제의 플라이어(Flyer), 아폴로 11호의 사령선, 우주왕복선 디스커버리호, 세계 1·2차 대전에서 사용된 전투기 등이 전시되어 있다. 그리고 역사 박물관에는 조지 워싱턴 대통령의 칼, 링컨 대통령의 모자, 에디슨의 전구 등이 전시되어 있다. 자연사 박물관에서는 인류의 기원과 공룡화석 등 고대와 현대의 포유류, 조류, 양서류의 화석과 유물이 전시되어 있다.

④ 제퍼슨 기념관(Jefferson Memorial)

1776년 독립선언문의 기초위원이었고 미국의 제3대 대통령이었던 토머스 제퍼슨을 기리기 위해 건립된 기념물이다. 1943년 완공된 이오니아식 지붕의 돔 구조로 된 원형 건축물이며, 내부에는 대륙회의에서 연설하는 모습의 제퍼슨 동상이 있다. 미국 국립 기념물로 지정되어 있다.

⑤ 한국전 참전 기념비와 동상(Korean War Veterans Memorial)

한국전쟁에 참전했던 미군들의 뜻을 기리고자 웨스트포토맥 공원 링컨 기념관 뒤쪽에 조성된 조형물 공원이다. 약 8,903m²의 부지에 마련된 조형물의 핵심은 군인들의 동상과 벽화이다. V자형으로 늘어선 실물크기보다 약간 큰 19명의 군인상은 육군·해군·해병·공군으로 백인·흑인·히스패닉 계 미국인 등 인종별로 다양하게 구성되어 있다.

한국전 참전기념비

❻ 링컨 기념관 (Lincoln Memorial)

미국 제16대 대통령인 에이브러햄 링컨의 공적을 기리기 위해 세워진 기념관이다. 아테네의 파르테논 신전을 본뜬 건물로 36개의 도리아식 기둥으로 둘러싸여 있다. 이 웅장한 기둥들은 당시 연방의 일부였던 36개의 주를 상징하며, 기둥 위에는 저마다 주의 이름이 새겨져 있다. 기념관 중앙에는 에이브러햄 링컨의 거대한 대리석 좌상이 있으며, 호수 너머 국회의사당 쪽을 응시하고 있다.

좌상의 왼쪽 벽에는 '국민의, 국민에 의한, 국민을 위한 정치'라는 유명한 말을 남긴 게티즈버그 연설문이, 우측 벽에는 링컨 대통령이 두 번째로 취임했을 때의 연설문 일부가 새겨져 있다. 이 기념관의 계단 위에서 보면 주변의 풍경을 반사하는 긴 호수 맞은편으로 워싱턴 기념탑의 오벨리스크와 2차 세계대전 기념관, 저 멀리 국회의사당 건물까지 눈에 들어온다. 미국의 1센트짜리 동전 뒷면과 5달러짜리 지폐 뒷면에 링컨 기념관 그림이 새겨져 있다.

❼ 워싱턴 기념탑 (Washington Monument)

미국의 초대 대통령인 조지 워싱턴을 기리기 위하여 만든 크고 높은 흰색의 뾰족한 기념탑이다. 세계 최대의 석조 구조물이며, 높이 169.29m로 세계 최고의 오벨리스크이다. 1988년 10월 9일부터 일반 관람객에게 내부가 공개되었으며, 초고속 엘리베이터를 타면 70초 만에 153m 지점에 위치한 전망대까지 올라갈 수 있다.

전망대에서는 동쪽으로 국회의사당, 서쪽으로 링컨 기념관과 알링턴 국립묘지, 북쪽으로 백악관까지 시내 전체를 한눈에 내려다 볼 수 있다. 이 기념탑은 국회에 경의를 표하는 목적으로 건설되었기 때문에 워싱턴 D.C.에서는 이 기념탑보다 높은 건물이 들어설 수 없도록 법으로 제한하고 있다. 미국의 수도임에도 불구하고 워싱턴 D.C.에서 고층 빌딩을 보기 드문 이유이다.

링컨기념관&워싱턴

📷 하와이 6일 일정 🚙

날짜	지역	교통편	세부 일정
제1일	인 천 오아후섬	항 공	인천 출발 호놀룰루 국제공항 도착
		전용버스	시내관광(펀치볼 전망대, 주정부 청사, 카메하메하 동상, 이올라니 궁전, 와이키키 해변)
제2일	오아후섬	전용버스	폴리네시안 문화센터 동부 해안 관광(다이아몬드 헤드, 하나우마 베이)
제3일	오아후섬	전용버스	다이아몬드 헤드 트래킹, 진주만 등 관광
제4일	오아후섬		자유시간
제5일	오아후섬	항 공	호놀룰루 국제공항 출발
제6일	인 천		인천 도착

하와이 제도

　미국의 하와이 주는 미국의 50번째 주이고, 50개 주 가운데 가장 남쪽에 위치하며, 북태평양의 동쪽에 있는 하와이 제도로 구성된다. 하와이 제도는 100여개의 작은 섬들이 600km에 걸쳐 이어져 있으며, 그중에서 오아후·하와이·마우이·니하우·카우아이·몰로카이·라나이·카훌라웨 등 8개의 대표적인 섬이 전체 육지 면적의 99%를 차지하고 있다. 총 면적은 28,311km², 총 인구는 120여만 명에 이르며, 주도는 오아후 섬의 호놀룰루로 최대의 섬은 하와이 섬이지만 대부분의 주민은 오아후 섬에 살고 있다.

　하와이 제도의 대표적인 8개의 섬 중에서 가장 큰 섬은 면적이 8,150km²에 달하는 하와이 섬으로 하와이 주 전체 지역의 2/3 정도를 차지하여 '빅 아일랜드'라고 불리기도 한다. 가장 작은 카훌라웨 섬은 면적이 125km²밖에 되지 않으며, 사람이 살지 않는 무인도이다.

　하와이에는 5세기경 폴리네시아계 민족이 자리 잡기 시작하여 오랫동안 부족 간의 싸움이 계속되다가 1782년에 카메하메하 1세가 섬 전체를 통일하여 1893년까지 왕조가 지속되었다. 1897년에 미국 대통령 매킨리에 의해 합병되어 미국의 영토가 되었으며, 1959년 8월 21일에 알래스카에 이어 미국의 50번째 주가 되었다. 이후 섬에 대한 개발이 이루어져 인구가 증가하게 되었고, 사탕수수와 파인애플의 재배가 더욱 증가하여 오늘날 대표적인 산업으로 자리 잡게 되었다. 1941년 12월 8일 태평양 전쟁의 계기가 된 일본군의 공습을 받았던 아픈 역사를 갖고 있다.

　하와이 관광청의 2014년 통계를 보면 하와이에 방문한 한국인은 17만 명 정도되며, 그중에서 97%가 오아후 섬에 집중되어 있고, 마우이 섬 24%, 하와이 섬 9%, 카우아이 섬 3%가 뒤를 잇고 있다.

10) 오아후 섬(Oahu Island)

하와이 제도의 북부에 위치한 세 번째로 큰 섬으로 하와이 주의 주도인 호놀룰루가 섬의 남동쪽 해안에 위치하고 있으며, 호놀룰루 국제공항이 있다. 면적은 1,545.4km², 인구는 90만 명을 넘어서 하와이 주 전체 인구의 80%에 가까운 사람들이 살고 있으며, 이중에서 40만 명 정도가 호놀룰루에 거주하고 있다. 하와이 하면 머리에 떠오르는 아름다운 와이키키 해변이 있으며, 1908년 진주만의 해군기지가 일본의 기습공격을 받았던 곳이기도 하다.

❶ 펀치볼 전망대(National Memorial Cemetery of the Pacific)

오아후 섬에 있는 높이 150m의 원뿔 모양 사화산의 분화구를 '펀치볼'이라고 하며, 그곳에 조성된 국립 태평양 기념 묘지를 일컫는 별칭을 의미한다. 마치 밥그릇 모양의 분화구여서 펀치볼(punch bowl)이라는 별칭을 얻게 되었다.

이곳에는 2차 세계대전과 베트남 전쟁, 한국 전쟁에서 전사한 약 2만 명의 영혼이 잠들어 있는데, 특이한 점은 비석이 세워져 있는 것이 아니라 땅에 묻혀 전면이 하늘을 바라보게 되어 있다. 기념 묘지이지만 묘지라기보다는 아름다운 공원에 가깝게 꾸며져 있으며, 또한 높은 지대에 위치하여 호놀룰루의 전경을 조망할 수 있다.

❷ 주정부 청사(The State Capitol)

1969년 호놀룰루 다운타운 한복판, 이올라니 궁전 바로 뒤쪽에 완공된 하와이의 상징적 건물이다. 건물 전체가 하와이 주를 상징하는 여러 의미가 깃들어 있는데, 8개의 기둥은 하와이 제도의 8개 주요 섬을 상징하며, 기둥의 끝은 야자수 잎사귀 모양으로 조각되어 있다.

건물 주변의 물은 하와이가 태평양 한가운데 있다는 것을 의미하고, 작은 돌들은 하와이 제도의 8개 주요 섬을 제외한 다른 작은 섬을 상징한다. 바다

속에서 하와이가 불쑥 솟아올랐다는 의미로 건물의 중앙 부분이 천장 없이 개방되어 있어 1층 로비의 건물 중앙에서 하늘을 올려다 볼 수 있게 되어 있다. 내부에는 주지사와 부지사 집무실을 비롯하여 상원과 하원의 회의장, 각 의원들의 사무실 등이 있다.

❸ 카메하메하 동상(King Kamehameha's Statue)

하와이 제도 섬들을 최초로 통일시킨 초대 대왕을 기리는 동상으로 이올라니 궁전 건너 킹 스트리트에 접해 있다. 동상은 황금빛 투구와 황금빛 케이프를 걸치고 왼손에는 창을 잡고 있으며, 오른손을 쳐들고 있는 모습이 웅대하

고 대왕의 용맹함을 느낄 수 있다. 매년 6월 11일은 카메하메하 대왕 기념일로 하와이 주의 공휴일이며, 카메하메하 대왕 동상에 하와이 전통 장식으로 머리나 목, 팔에 두르는 꽃인 '레이(lei)'를 헌화하고, 화려한 꽃마차 행렬이 펼쳐진다.

④ 이올라니 궁전(Iolani Palace)

하와이 왕조의 칼라카우아 왕이 1882년에 미국에서는 유일하게 빅토리아 피렌체 건축 양식을 이용하여 건축한 궁전이다. 하와이의 마지막 두 대왕인 칼라카우아 왕과 그의 누이인 릴리우오칼라니 여왕이 퇴위했던 1893년까지 거주하였던 궁전으로 미국에서는 유일하게 왕족이 거주하였던 곳이다.

현재는 하와이 왕조의 역사를 볼 수 있는 박물관으로 사용되고 있으며, 당시 사용했었던 가구와 침실, 무도회장, 식탁, 전화와 전기설비, 하와이 최초의 수세식 화장실 등이 잘 보존되어 있다. 아름다운 정원과 화려한 내부 모습은 당시의 왕족 생활의 품격을 엿볼 수 있다. 이올라니는 '신성한 새'를 의미한다.

⑤ 다이아몬드 헤드(Diamond Head)

와이키키 해변 북동쪽에 화산활동으로 솟아난 해발 고도 232m의 분화구이다. 19세기 영국 선원들이 분화구 꼭대기의 암석들이 햇빛을 받아 반짝이는 것을 다이아몬드로 착각해서 다이아몬드 헤드라는 이름이 붙게 되었다. 나무와 수풀 사이로 난 1.1km 길이의 산책로가 운치를 더해주며, 용암동굴과 99개의 계단 및 마지막으로 나선형의 계단을 오르고 나면 정상에 도달하게 되는데, 정상에서는 멋진 와이키키 해변과 호놀룰루의 아름다운 시내 전경을 조망할 수 있다. 또한 바닷물의 침식작용으로 절벽이 형성되어 주위 경치도 아름답다. 현재는 미군 기지가 있어서 오후 6시 이후에는 출입이 금지된다.

⑥ 와이키키 해변(Waikiki Beach)

와이키키해변

하와이 하면 제일 먼저 떠오르는 곳이 와이키키 해변이다. 호놀룰루 남동쪽 약 3.2km의 긴 해안을 따라 해변이 형성되어 있다. 와이키키는 하와이 언어로 '용솟음치는 물'을 의미한다.

와이키키에는 하얏트, 힐튼, 메리어트 등 특급 호텔이 해변을 따라 자리 잡고 있으며, 산책로가 잘 정비되어 있어서 산책과 조깅을 하는 사람들을 볼 수 있다. 와이키키 해변의 바로 옆으로 평행하게 이어진 칼라카우아 거리는 명품 매장을 비롯한 다양한 쇼핑몰과 레스토랑 등이 줄지어 있어서 여행객들로 항상 활기가 넘치며, 종종 비키니 차림의 쇼핑객을 볼 수도 있다. 와이키키 해변에서는 창밖을 내다보기 쉽게 좌석이 배치된 개방형의 버스인 트롤리를

볼 수 있는데, 와이키키의 바닷바람을 여과 없이 즐길 수 있는 하와이만의 독특한 교통수단이다.

❼ 폴리네시안 문화센터(Polynesian Cultural Center)

1963년에 개장한 하와이의 유일한 민속촌으로 와이키키에서 자동차로 한 시간 정도면 도착할 수 있다. 하와이, 피지, 뉴질랜드, 타히티, 사모아, 마르케사스, 통가 등 태평양에 위치한 7개 섬의 폴리네시안 문화를 경험할 수 있는 곳이다. 코코넛 빵 만들기, 폴리네시안 전통춤 교습, 창던지기, 야자나무 오르기, 불씨 만들기 등 시간대별로 다양한 프로그램이 준비되어 있으며, 저녁에는 하와이 전통 음식을 즐기며 쇼를 볼 수 있는 루아우 파티가 있다. 또한 하와이 전통 액세서리와 기념품 및 먹거리 등을 판매하고 있는 쇼핑몰도 있어서 쇼핑의 즐거움까지 누릴 수 있다.

⑧ 하나우마 베이(Hanawma Bay)

잔잔한 물속에 수만 마리의 열대어가 서식하는 스노클링 포인트이다. 완만하게 곡선으로 구부러진 백사장, 산호초와 어우러진 푸르고 투명한 바다에 형형색색의 열대어가 어우러지는 만(Bay)이다. 산호초가 파도와 거친 해류를 막아주기 때문에 스노클링을 즐기기에 최적의 장소이다.

⑨ 진주만(Pearl Harbor)

19세기 이전까지 진주조개를 수확하였던 곳이라 진주만이라고 불리게 된 이곳은 1908년에 미국의 해군기지와 조선소가 건설되었다. 1941년 12월 7일, 2차 세계대전 당시 일본군이 이곳에 정박해 있던 미군 함대를 선전포고 없이 기습공격함으로써 2,403명의 사망자와 수백 명의 부상자가 발생했던 아픈 역사의 현장이다.

현재는 USS 전함 아리조나호 기념관을 비롯한 5개의 기념관과 진주만의 깨끗하고 투명한 바닷물 속으로 아리조나호의 거대한 잔해를 훤히 들여다 볼 수 있어서 당시의 참상을 피부로 느낄 수 있다. 2001년에는 마이클 베이 감독의 연출로 일본군의 진주만 공격을 소재로 한 블록버스터 영화가 상영되기도 하였다.

11) 하와이 섬(Hawaii Island)

하와이

하와이 제도의 동부, 호놀룰루의 남동쪽에 위치한 섬이다. 면적이 8,150km² 에 달해 하와이 주에서 가장 큰 섬으로 다른 7개 섬의 면적을 합친 것보다 더 넓으며, 하와이 주 전체 면적의 2/3 정도를 차지하여 '빅 아일랜드'라고 불리기도 한다. 하지만 인구는 15만 명 정도밖에 되지 않는다.

섬 중앙에는 해발고도 4,260m의 하와이 제도 최고봉인 마우나케아 산과 4,170m의 마우나로아 산이 있다. 또한 활화산 킬라우에아와 마우나로아가 있는 화산 국립공원이 있어 붉은 용암이 흐르는 활화산과 분화구에서 흘러나오는 가스 및 검은 용암으로 뒤덮인 대지의 광활함에 관광객의 발길이 끊이지 않는다. 힐로 시는 하와이 섬의 군청 소재지로 인구가 5만 명에 이르며, 하와이 주의 주도인 호놀룰루에 이어 하와이 주 제2의 도시이다.

12) 마우이 섬(Maui Island)

면적이 1,885km², 인구가 10만 명을 넘어 하와이 제도에서 두 번째로 큰 섬으로 하와이 섬의 북서쪽에 위치하고 있다. 섬의 남동부에는 최고봉인 해발고도 3,058m의 할레아칼라 산이 있으며, 북서부에는 해발고도 1,764m의 푸쿠쿠이 산이 있다. 그 중간에 11km² 넓이의 평탄한 지협이 있으며, 그 북쪽에 마우이 섬의 군청 소재지인 와일루쿠가 자리 잡고 있다.

마우이 섬의 가장 큰 매력은 천혜의 자연적인 매력을 고스란히 간직하고 있다는 점으로 하늘 높이 솟아오른 산과 아름다운 계곡 및 공원으로 유명한 이아오 밸리 주립공원, 5km에 이르는 환상적인 해변과 최고급 리조트와 개인 별장들이 줄지어 있다. 마우이에서 가장 멋진 전망을 자랑하는 카아나팔리 비치, 해발 3,058m의 화산에 있는 세계 최대의 분화구와 칼데라 호가 있는 할레아칼라 국립공원은 마우이 여행의 핵심이다.

2

캐나다

북극해

미국
(알래스카)

그린란드

캐나다
(Canada)

대서양

빅토리아
밴쿠버
밴프 국립공원

오타와
토론토

미국

1 국가 개요

1) 개요

정식국명	캐나다(Canada)
수 도	오타와
언 어	영어, 프랑스어
민 족	다민족
정치체제	입헌군주제, 내각책임제
1인 GDP	$43,611 / 세계 17위(2017년 / IMF 기준)
빅맥지수	$4.66
위 치	북아메리카 대륙
면 적	9,984,670km² / 세계 2위(CIA 기준)
기 후	대륙성 기후
인 구	약 35,623,680명 / 세계 38위(2017년 / CIA 기준)
종 교	가톨릭, 기독교
통화·환율	캐나다 달러(CAD), 1CAD = 901원(2017년 10월 기준)
시 차	GMT-3.5 ～ GMT-8
비행시간	인천 → 밴쿠버(약 10시간), 인천 → 토론토(약 13시간 20분)

2) 지리적 특성

세계에서 두 번째로 큰 국토 면적을 가지고 있으며, 국토의 대부분이 한랭지대이다. 북아메리카 대륙에 위치해 있고, 주변국으로는 남쪽으로 미국과 국경을 접하고 있다.

3) 기 후

넓은 국토 면적만큼이나 지역마다 기후가 다양하게 나타난다. 태평양 연안에 있는 지역은 온난한 기후를 보이나, 동쪽 지역은 겨울과 여름의 기온 차이가 심하다.

밴쿠버

요소＼월별	1월	2월	3월	4월	5월	6월	7월	8월	9월	10월	11월	12월
최저기온 (℃)	0.5	1.5	3.1	5.3	8.4	11.2	13.2	13.4	10.5	6.6	3.1	0.8
최고기온 (℃)	6.1	8	10.1	13.1	16.5	19.2	21.7	21.9	18.7	13.5	9	6.2
강수량 (mm)	154	123	114	84	67.9	54.8	39.6	39.1	53.5	112.6	181	175.7

4) 문 화

◪ 음 식

다양한 민족들이 어울려 사는 캐나다는 다양한 이민족들의 음식 문화가 조화를 이루고 있는 것이 특징이다. 육류 소비가 많으며, 캘거리 지방은 소고기와 육포가 유명하다.

캐나다 요리는 전체적으로 미국·영국식 요리와 아주 흡사하며, 퀘벡과 같은 프랑스어 사용 지역에서는 프랑스 요리의 특성을 상당 부분 지니고 있다. 이민자들의 구성이 다양한 캐나다는 요리에서도 그 색깔이 드러난다. 프랑스 요리, 이탈리아 요리, 멕시코 요리 등은 물론이고 중국요리에서부터 한국요리, 일본요리 등 동양 요리도 다양하게 만날 수 있다. 밴쿠버 등 해안가에 위치한 도시에서는 연어나 가재 등의 시푸드(seafood) 요리가 유명하며, 캘거리를 중심으로 한 앨버타 주의 대평원에서 많이 사육되는 양질의 소를 재료로 해서 만든 스테이크도 대표적인 요리이다.

☑ 축 제

각 지역마다 다양한 축제들이 개최되고 있으며, 대표적인 축제로는 매년 봄에 개최되는 메이플 시럽 축제가 있다.

5) 여행 정보

☑ 화 폐

캐나다 화폐는 캐나다 달러(CAD)라고 하며, 지폐로는 5달러, 10달러, 20달러, 50달러, 100달러가 있다. 동전은 5니켈, 10다임, 25센트, 50센트, 1달러, 2달러가 있다.

☑ 전압 및 콘센트

캐나다의 전압은 110V, 60Hz이며, 콘센트는 11자 모양이어서 캐나다에서 한국 전자제품을 사용 시에는 별도의 멀티어댑터가 필요하다.

2 관광지 정보

📑 대표 여행상품

상품명	여행지역
캐나다 완전일주 8일	밴쿠버, 빅토리아, 밴프, 토론토, 나이아가라
밴쿠버, 로키 7일	밴쿠버, 빅토리아, 밴프

📑 캐나다 완전일주 8일 일정

날짜	지역	교통편	세부 일정
제1일	인 천 밴쿠버 빅토리아	항 공 전용차량 선 박	인천 출발 밴쿠버 도착 밴쿠버 시내관광(캐나다 플레이스, 개스타운, 스탠리공원, 차이나타운) 후 빅토리아로 이동

제2일	빅토리아 밴쿠버 캘거리 밴 프	전용차량 선 박 항 공 전용차량	빅토리아 관광(BC 주의사당, 부차드 가든) 밴쿠버로 이동 밴쿠버 출발 캘거리 도착 후 밴프로 이동
제3일	밴 프	전용차량	요호 국립공원 관광, 아사바스카 빙하 관광, 레이크 루이스 등 관광
제4일	밴 프 캘거리	전용차량	보우 폭포 관광, 설퍼 산 곤돌라 탑승 후 로키 산맥 관광 후 캘거리 이동
제5일	캘거리 토론토 나이아가라	항 공 전용차량	캘거리 출발 토론토 도착 토론토 시내관광(시청사, 토론토 대학교, 온타리오 주의사당, CN타워) 나이아가라로 이동
제6일	나이아가라 토론토	 전용차량	나이아가라 폭포 및 주변 관광(나이아가라 크루즈, 헬기투어, 월풀) 토론토로 이동
제7일	토론토 밴쿠버	항 공 항 공	토론토 출발 밴쿠버 도착 밴쿠버 출발
제8일	인 천		인천 도착

개스타운&스탠리공원

1) 밴쿠버(Vancouver)

캐나다의 서쪽에 위치한 밴쿠버는 브리티시컬럼비아 주에 속한 도시이며, 토론토, 몬트리올 다음으로 큰 도시이다. 캐나다 여행을 시작하는 시작점이기도 하다. 대륙횡단 철도의 서쪽 종착지이며, 캐나다 동부와 태평양을 연결하는 교통의 요지로서 무역항의 역할을 하고 있다. 밴쿠버란 도시 이름은 18세기 캐나다 서쪽 해안을 탐험한 '조지 밴쿠버'의 이름에서 유래되었으며, 겨울에도 대체로 온난한 기후를 보인다. 20세기 초 연어 가공업과 목공업이 발달하면서 중국, 일본, 미국 등에서 많은 이민자들이 밴쿠버로 들어왔다.

❶ 개스타운(Gastown)

밴쿠버 도시의 발상지인 개스타운은 붉은 색의 보도블록이 깔려 있는 거리이며, 캐나다 토산품을 파는 상점 및 쇼핑센터가 있는 곳이다. 밴쿠버를 방문하는 관광객들이 가장 많이 찾는 거리이기도 하다. 이름의 기원은 과거 '존 디톤'이라는 술집 주인의 별명에서 따온 것으로 '수다쟁이 잭'이라는 뜻의 '개쉬 잭'이라고 불렀는데, 오늘날 개스타운의 이름으로 바뀌게 되었다. 개스타운 한쪽에는 증기 시계탑이 있는데, 15분마다 증기를 내뿜는 것이 이색적이다.

❷ 스탠리 공원(Stanley Park)

1888년에 조성된 스탠리 공원은 밴쿠버 도심으로부터 서쪽에 위치한 공원이다. 넓은 공원에는 울창한 나무와 멋진 바다 풍경이 아름다움을 자아낸다. 밴쿠버 시민들뿐만 아니라 관광객들도 많이 찾는 공원이다. 인공적으로 조성된 공원이 아닌 자연 그대로의

원시림으로 이루어진 공원으로 공원에는 산책로와 레스토랑, 수족관 등이 있다. 스탠리 파크의 이름은 1888년 당시의 총독이었던 스탠리 경의 이름에서 유래되었다.

❸ 캐나다 플레이스 (Canada Place)

1986년 밴쿠버 만국박람회가 개최된 장소로 밴쿠버의 상징인 캐나다 플레이스는 지붕이 하얀 돛 모양으로 되어 있어 독특한 분위기를

자아낸다. 건물 내부에는 컨벤션 센터 및 영화관 등이 있다. 캐나다 플레이스 옆에는 알래스카로 떠나는 크루즈 터미널이 있다.

❹ 차이나타운 (China Town)

북아메리카에서 샌프란시스코, 뉴욕에 이어 세 번째로 큰 규모의 차이나타운이다. 거리에는 각종 붉은색 간판의 중국 전문 상점과 한약방 및 중국 음식점 등을 볼 수 있다.

2) 빅토리아[Victoria Island]

캐나다에서 가장 온화한 기후를 보이고 있으며, 아름다운 정원의 도시라고
도 불린다. 19세기 모피 거래소가 개설되면서 발전하였다. 밴쿠버 섬 남쪽에
위치한 섬이며, 1871년 브리티시컬럼비아가 캐나다 연방에 가입한 후 브리티
시컬럼비아 주의 주도가 되었다. 브리티시컬럼비아 주도의 역할 외에도 관광
과 휴양의 도시이다.

❶ 부차드 가든[Butchart Garden]

과거 석회암을 채굴하였던 투박하고 척박한 지역을 약 100년 전 부
차드 부부가 넓은 채석장이 있던 곳에 꽃과 나무를 모아 심어서 만든
아름다운 공원이다. 공원에서는 야외공연 및 불꽃놀이 등 다양한 이
벤트가 열리고, 크리스마스 시즌에는 야간에 조명을 밝
혀 부차드 가든이 더욱 더 아름답고
로맨틱한 분위기를 연출한다. 천상의
화원이라 불러도 될 만큼 아름다운 공
원이다.

❷ BC주 의사당(Parliament of Victoria)

　빅토리아 양식의 건축물로서 브리티시컬럼비아 주의 정치·행정의 중심지이다. 밤이 되면 3,300개의 전구에 불을 밝힌 아름다운 주의사당 건물을 볼 수가 있다. 건물 안에는 하원의원들의 사무실과 방송국이 있다.

3) 밴프 국립공원(Banff National Park)

앨버타 주의 도시로서 1885년에 국립공원으로 지정되어 캐나다에서 가장 오래된 국립공원이다. 북아메리카 대륙에서 가장 큰 빙원인 컬럼비아 대빙원 등 빙하와 온천, 다양한 야생동물이 서식하고 있다. 주변에 요호 국립공원, 재스퍼 국립공원 등 다른 국립공원과 관광고속도로로 연결이 되어 있다. 다운타운에는 각종 상점과 호텔들이 모여 있어 여행자들의 편의를 제공해 주고 있다.

레이스루이스&아싸바스

❶ 레이크 루이스(Lake Louise)

밴프 국립공원 안에 있는 호수로서 세계 10대 절경 중의 하나이다. 우리나라에는 이루마의 피아노 연주곡인 '레이크 루이스'로 더 유명해진 이 호수는 빙하의 침식으로 생긴 웅덩이에 빙하가 흘러들어 석회질 성분으로 인하여 에메랄드 빛을 내는 것이 특징이다. 레이크 루이스 옆에는 아름다운 호텔인 페어몬트 샤또 레이크 루이스 호텔이 있다. 호텔 1층 레스토랑에서 바라보는 레이크 루이스는 그 아름다움이 더 배가 된다. 호수 뒤에는 엄청난 크기의 빙하가 자리 잡고 있다.

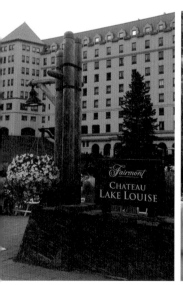

❷ 아사바스카 빙하 (Athabasca Glacier)

컬럼비아 대빙원에서 발원하는 빙하 중에 하나로 계곡의 이름을 따서 아사바스카 빙하라고 불린다. 약 1만 년 전에 빙하가 형성이 되었으며, 제일 두꺼운 빙하의 두께는 약 350m 정도이며, 특수 제작된 설상차를 타고 직접 빙하를 관광할 수가 있다. 빙하 위에서는 곳곳에 발견되지 않은 크레바스가 있어 자칫 잘못하면 크레바스에 빠질 수 있으므로 정해진 곳 외에는 갈 수가 없다.

❸ 페이토 호수 (Peyto Lake)

아이스필드 파크 웨이라는 고속도로 한편에 위치한 호수 이다. 울창한 침엽수로 둘러싸인 오리발 모양의 페이토 호수는 에메랄드빛을 띠고 있다. 전망대에서 바라보는 페이토 호수는 로키 산맥의 위대함을 경험할 수 있다.

④ 설퍼 산(Sulphur Mt.)

페이토호수&설퍼산

밴프 국립공원에 위치한 산이며, 유황온천이 나오는 해발고도 2,281m 산이다. 정상까지는 곤돌라를 타고 올라가며, 설퍼 산의 절경과 로키 산맥을 한눈에 볼 수 있다. 정상에서는 밴프 시가지가 한눈에 내려다 보인다.

4) 토론토(Toronto)

19세기 캐나다의 수도였고, 현재는 온타리오 주의 주도이며, 캐나다 제1의 도시이다. 1750년대에는 프랑스인들이 포르루예이라고 부르다가 1793년에 영국인들이 도시를 건설하고 요크라고 불렀으며, 1834년에 토론토라는 이름으로 명명했다. 다양한 이민족들이 들어와서 살고 있으며, 5대호의 수운을 이

온타리오의사당&시청사

용하여 일찍이 석탄, 코르크, 석유 등을 집산했다. 토론토라는 이름의 뜻은 인디언 언어로 '집회소'라는 뜻이다.

❶ 온타리오주 의사당(Ontario Provincial Legislature)

토론토 퀸즈 공원에 위치한 의사당이며, 붉은 사암 소재의 로마네스크 양식으로 1892년에 건축되었다. 1909년에 화재로 인하여 건물 일부가 불에 타서 의사당 건물 일부를 새로 지었다. 건물 앞에는 빅토리아 여왕의 동상이 세워져 있다. 주의사당에는 가이드가 안내하는 프로그램도 있다.

② 토론토 대학교(University of Toronto)

1827년에 킹스 칼리지로 개교하였으며, 영국 성공회의 종교적인 학교였으나 개혁파 정치인들의 반발로 1849년에 킹스 칼리지를 토론토 대학교로 개명하기로 투표를 하였고, 1888년 치과대학이 융합되면서 종합대학이 되었다. 세인트 조지 캠퍼스를 중심으로 총 3개의 캠퍼스로 이루어져 있다. 캐나다 최대 규모이며, 북아메리카에서 하버드와 예일 대학교 다음으로 많은 도서를 보유하고 있다.

③ 토론토 시청사(Toronto City Hall)

토론토 CN타워와 함께 토론토의 대표적 건물인 시청사는 국제 공모전을 통해 선정된 빌조 레벨이 설계한 건축물이다. 1965년에 완공된 건물은 현대적인 디자인으로 토론토를 대표하는 건물이 되었다. 곡선형

타워 두 개의 건물로 돔 형태의 주의사당 건물을 감싸는 형태로 이루어져 있다. 시청사 건물 맞은편에는 1899년에 만들어진 옛 시청사 건물이 있다.

④ CN타워(CN Tower)

TV와 라디오 방송을 송출하기 위해서 지어진 송출 탑이다. 높이는 553.33m로 도쿄의 스카이트리, 중국 광저우의 광둥탑 다음으로 세계에서 세 번째로 높은 송출 탑이다. 건물 전망대에 오르면 토론토를 한눈에 조망할 수 있으며, 맑은 날에는 나이아가라 폭포도 볼 수 있다.

⑤ 나이아가라 폭포 (Niagara Falls)

세계 3대 폭포 중의 하나인 나이아가라 폭포는 북미 대륙 5대호 중 온타리오호와 이리호를 지나는 곳에 위치한 폭포이며, 미국과 캐나다의 국경에 걸쳐 있다. 고트 섬에 의해 폭포는 두 부분으로 나뉘는데 한쪽은 아메리카 폭포이며, 한쪽은 캐나다의 호스뉴 폭포이다. 엄청난 양의 물줄기로 인하여 매년 1~2m씩 침식되고 있다. 나이아가라 주변에는 잘 꾸며진 공원과 호텔 그리고 카지노 등의 오락시설들이 있다. 저녁에는 폭포에 조명을 비추어 로맨틱한 분위기를 연출한다.

나이아가라폭포

⑥ 나이아가라 크루즈 (Niagara Cruise)

안개 속의 숙녀호라고도 불렀던 나이아가라 크루즈는 나이아가라를 가장 가까이에서 볼 수 있고, 그 기운을 느끼게 해주는 크루즈이다. 배를 타고 폭포 근처까지 가면 나이아가라 폭포의 웅장함을 직접 몸으로 느낄 수 있다.

❼ 월 풀(Niagara Whirlpool)

나이아가라크루즈&월풀

나이아가라 폭포에서 하류쪽 약 4.5km에 물줄기가 급하게 꺾이는 곳이 있다. 상류에서 흘러내려온 물줄기가 일시적으로 멈춰 강한 소용돌이가 형성되는데, 이 지점을 월 풀이라고 한다. 월 풀을 제대로 느끼려면 월 풀 제트보트를 타면 되는데, 7~8월에만 운영한다.

Chapter 6

오세아니아

📖 대표 여행상품

상품명	여행지역
호주 6일	시드니, 포트스티븐스 또는 시드니, 골드코스트
호주, 뉴질랜드 북섬 8일	시드니, 오클랜드, 로토루아
호주, 뉴질랜드 남북섬 10일	시드니, 오클랜드, 로토루아, 크라이스트처치, 퀸스타운 등

📖 호주, 뉴질랜드 남북섬 10일 일정 🚗

날짜	지역	교통편	세부 일정
제1일	인 천	항 공	인천 출발
제2일	오클랜드 로토루아	전용버스	오클랜드 도착 오클랜드 시내관광(미션베이, 에덴동산) 로토루아로 이동
제3일	로토루아	전용버스	로토루아 관광(아그로돔, 레인보우 스프링스, 스카이라인 곤돌라, 마오리 민속쇼, 폴리네시안 스파)
제4일	로토루아 오클랜드 퀸스타운	전용버스 항 공 전용버스	오클랜드 공항으로 이동 오클랜드에서 퀸스타운으로 이동 퀸스타운 시내관광(애로우 타운, 번지점프 브리지, 와카티푸 호수)
제5일	퀸스타운 밀포드 사운드 퀸스타운	전용버스	테아나우를 경유하여 밀포드 사운드로 이동 밀포드 사운드 관광(호머 터널, 거울 호수, 밀포드 사운드 크루즈) 퀸스타운으로 이동
제6일	퀸스타운 마운트 쿡	전용버스	마운트 쿡으로 이동 마운트 쿡 관광
제7일	마운트 쿡 크라이스트처치 시드니	전용버스 항 공	마운트 쿡에서 크라이스트처치로 이동 도중 푸카키 호수, 데카포 호수 관광 크라이스트처치에서 시드니로 이동
제8일	시드니 블루마운틴 시드니	전용버스	블루마운틴으로 이동 블루마운틴 관광(에코포인트, 레일웨이, 스카이웨이) 시드니로 이동 도중 야생 동물원 시드니 항만 선셋 크루즈
제9일	시드니	전용버스	시드니 동부 해안 관광 (본다이 비치, 갭 파크, 더들리 페이지) 시드니 시내관광(시드니 타워, 하버 브리지, Mrs 맥콰리 체어, 오페라 하우스)
제10일	시드니 인천	항 공	시드니 출발 인천 도착

1

호주

인도네시아

티모르해

아라프라해

파푸아뉴기니

산호해

인도양

호주
(Australia)

포트스티븐스

시드니

캔버라

테즈먼해

 1 국가 개요

1) 개 요

정식국명	오스트레일리아 연방(Commonwealth of Australia)
수 도	캔버라
언 어	영어
민 족	앵글로색슨족, 기타
정치체제	입헌군주제, 의원내각제
1인 GDP	$55,215 / 세계 9위(2017년 / IMF 기준)
빅맥지수	$4.53
위 치	남태평양 오세아니아 대륙
면 적	7,741,220km^2 / 세계 6위(CIA 기준)
기 후	대륙성 기후
인 구	약 23,232,413명 / 세계 56위(2017년 / CIA 기준)
종 교	가톨릭, 성공회
통화·환율	호주달러(AUD), 1AUD = 887원(2017년 10월 기준)
시 차	GMT+8 ~ GMT+10
비행시간	인천 → 시드니(약 10시간 10분)

2) 지리적 특성

호주의 정식 명칭은 오스트레일리아 연방이다. 호주의 대륙은 미국의 알래스카를 제외한 면적과 비슷하며, 세계에서 6번째로 큰 나라이다. 30%가 사막으로 되어 있으며, 대체적으로 평탄한 지형이다. 동쪽으로는 산호해, 테즈먼해가 있고 남쪽과 서쪽으로 인도양이, 북쪽으로는 티모르해가 있다.

3) 기 후

계절은 북반구가 여름이면 호주는 겨울, 북반구가 가을이면 호주는 봄의 계절을 보이며, 북반구와 계절이 반대이다. 광활한 국토 면적으로 인하여 다양한 기후를 보이는 것이 특징이다. 전반적으로 온화한 대륙성 기후를 보이나 사막 지형에서는 사막 기후를 보인다.

시드니

월별 요소	1월	2월	3월	4월	5월	6월	7월	8월	9월	10월	11월	12월
최저기온 (℃)	18.6	18.7	17.5	14.6	11.5	9.2	8	8.9	11	13.5	15.5	17.5
최고기온 (℃)	25.8	25.7	24.7	22.3	19.3	16.8	16.2	17.7	19.8	22	23.5	25.1
강수량 (mm)	104	116	132	128	122.8	129.8	98.9	82.2	69.5	77.2	83.3	78.3

4) 문 화

음 식

호주는 이주민의 문화이기 때문에 다양한 음식 문화가 있다. 육류 소비량이 많은 것이 특징이며, 대표적인 음식으로는 야채로 만든 잼인 베지마이트와 소고기 스테이크, 피시 앤 칩스, 캥거루 스테이크, 닭고기나 소고기를 갈아 각종 야채 등과 함께 파이 속에 넣어 만든 미트파이 등이 있다.

🇦🇺 축 제

- 시드니 페스티벌 : 호주 건국기념일인 1월 26일을 기념하기 위해 시드니에서는 호주 최대의 축제가 1월 한 달 동안 개최됨. 연극과 무용 공연, 음악회, 전시회, 서커스 등 다양한 문화행사가 진행되며, 오페라하우스 주변에서는 환상적인 불꽃놀이를 실시.

- 퍼스 예술축제 : 1953년에 시작되어 호주에서 가장 오래된 예술축제로 매년 2월초에서 3월초 까지 호주의 서부도시 퍼스에서 열림. 수준 높은 연극, 무용, 음악, 비주얼 아트 등을 볼 수 있음.

5) 여행 정보

🇦🇺 화 폐

호주의 화폐 단위는 호주달러^(AUD)라고 하며, 지폐로는 5호주달러, 10호주달러, 20호주달러, 50호주달러, 100호주달러가 있고, 동전으로는 5센트, 10센트, 20센트, 50센트, 1호주달러, 2호주달러가 있다. 1센트와 2센트가 있으나 사용하지 않는다.

🇦🇺 전압 및 콘센트

호주의 전압은 240V, 50Hz이며, 콘센트는 우리나라와는 다른 모양이므로 한국 전자제품을 호주에서 사용할 경우 별도의 어댑터가 필요하다.

2 관광지 정보

1) 시드니

호주 뉴사우스웨일스 주의 주도이자 호주에서 가장 역사가 오래된 도시로 지리적으로 남쪽은 수도인 캔버라, 북쪽은 포트스티븐스와 연결된다. 면적은 12,144.6km², 인구는 480만 명 정도로 전국 인구의 약 1/4이 몰려 있는 호주 최대의 도시이다. 세계 3대 미항 중 하나이며, 70여 개가 넘는 아름다운 해변을 갖고 있어 더욱 매력적이다.

1788년 1월 26일 영국에서 유형수(流刑囚) 770명, 군인 250명을 데리고 온 초대총독 필립 경(卿)은 시드니에 최초의 식민지를 건설하여 오늘에 이르고 있다. 시드니라는 이름은 당시 영국의 각료였던 시드니 경(卿)의 이름을 딴 것이다.

❶ 오페라 하우스

오페라하우스&하버브릿

1957년 덴마크의 건축가 요른 우트존(Jørn Utzon)의 설계안이 공모를 통해 1등으로 당선되어 우여곡절 속에 1973년 완공된 시드니의 상징적인 건물이다. 하버 브리지의 남동쪽에 위치하며, 공연 예술의 중심지로서 극장과 녹음실, 음악당, 전시장을 갖추고 있다. 시드니 항만의 바다 쪽으로 돌출된 반도의 끝에 뛰어난 해안 경관을 배경으로 서로 맞물리는 3개의 조가비 모양의 새하얀 둥근 지붕이 바다와 묘한 조화를 이루고 있다.

❷ 하버 브리지

시드니 도심에 위치하고, 전체
길이 1,149m로 세계에서 4번째
로 긴 철제 아치교이며, 총 중량

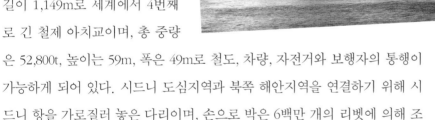

은 52,800t, 높이는 59m, 폭은 49m로 철도, 차량, 자전거와 보행자의 통행이
가능하게 되어 있다. 시드니 도심지역과 북쪽 해안지역을 연결하기 위해 시
드니 항을 가로질러 놓은 다리이며, 손으로 박은 6백만 개의 리벳에 의해 조
립되어 있다.

1923년 7월 28일 착공을 시작하여 1932년 1월 19일 최종 완공되었고, 1932
년 3월 19일에 역사적인 개통이 이루어졌다. 건축 비용은 영국으로부터 차관
을 들여와 건설을 하였고, 개통 후 통행료를 징수하여 1988년에 모든 차관을
상환하였다. 그러나 다리의 유지 보수와 교통을 분산하기 위해 1992년에 건
축한 해저 터널의 공사비와 유지비를 충당하기 위해 지금도 통행료를 징수하
고 있다. 세계적 대공황으로 굉장히 어려운 상황에서 매년 1,500명 이상의 고

용창출이 8년 넘도록 이루어져 대공황 속에서 엄청난 고용창출의 효과를 가져왔다는 점에서 의미가 크다. 그러나 건설 도중에 16명의 근로자가 숨지는 사고도 있었다.

하버 브리지에서는 온몸을 안전띠로 묶은 뒤 상부 구조물 위로 올라 시드니 항만과 오페라 하우스 등 시드니 전체를 조망할 수 있는 브리지클라잉 프로그램이 있어서 관광객들에게 인기가 높다.

❸ Mrs 맥콰리 체어

1810년부터 12년간 영국에서 파견한 호주의 총독이었던 제5대 총독 라클란 맥콰리가 본국인 영국에 갔다가 배를 타고 돌아올 때 총독이 타고 들어오는 배를 빨리 보기 위해 총독의 부인 엘리자베스 맥콰리가 앉아서 기다리던 곳이다. 이곳에서는 아름다운 시드니의 전경을 볼 수 있어서 많은 관광객들이 찾는 곳이다.

❹ 시드니 타워

305m의 높이로 시드니에서 가장 높고, 뉴질랜드 오클랜드의 스카이 타워, 호주 멜버른의 유레카 타워에 이어 지구 남반구에서 세 번째로 높은 전망대이다. 960여 명을 수용할 수 있는 250m 높이의 80층 원형 전망대는 360도로 회전을 하고 있어서 사방의 시드니 전경을 감상할 수 있다. 지상에서 전망대까지는 고속 엘리베이터로 약 40초 걸린다. 타워 아래층에는 세인트 포인트 쇼핑센터가 있다.

❺ 더들리 페이지

본다이 비치에서 멀지 않는 곳에 있는 더들리 페이지는 오페라 하우스를 중심으로 시드니 시내가 가장 아름답게 보이는 장소로 오페라 하우스와 하버 브리지 및 시드니 시내와 항만 전체를 한눈에 내려다 볼 수 있는 곳이다. 또한 주위에는 시드니 최고의 부촌지역으로 시드니에서 가장 비싼 부호들의 저택을 구경할 수도 있다. 다만, 이곳에는 건물을 건축하지 못하게 하여 넓은 잔디밭으로 남아 있어서 누구든지 와서 시드니의 아름다운 전경을 볼 수 있다.

더들리페이지

❻ 본다이 비치

시드니 중심부에서 동쪽으로 10km 정도 거리로 시드니 시내에서 가장 가까운 해변이다. 푸른 바다와 1km 정도의 백사장, 높은 파도로 일광욕과 서핑을 즐기기 위해 많은 사람들이 찾는 명소로 알려져 있으며, 도심에서 멀지 않은 곳이기 때문에 레스토랑이나 쇼핑몰 등이 함께 발달해 있다.

본다이비치&갭팍

❼ 갭 파크

시원하게 펼쳐진 남태평양 바다의 파도와 오랜 세월 침식작용으로 형성된 낭떠러지 절벽의 조화를 볼 수 있는 곳이다. 바위에 수많은 틈이 생겨서 '갭 (Gap)'이라는 이름이 붙여졌다.

⑧ 블루마운틴

블루마운틴

　시드니에서 서북쪽으로 약 100km 정도 떨어진 곳에 위치한 사암 고원 지대로 급경사면, 협곡, 기암 등으로 구성된 해발 1,190m, 넓이 11,400km²의 산악 국립공원이다. 91종의 유칼립투스 나무로 뒤덮여 있어서 유칼립투스 나무에서 증발되는 수액을 태양광선이 통과하면 파장이 가장 짧은 푸른빛을 반사하면서 온통 푸른빛을 띠게 되어 블루마운틴이라고 명명하게 되었다.

　블루마운틴을 효과적으로 관광하기 위해서는 스카이웨이, 레일웨이, 케이블웨이 등을 이용하는 것이 좋은데, 가장 인기 있는 것은 세계에서 가장 가파른 52도의 경사를 310m 가량 레일웨이를 타고 내려가면서 열대우림과 제미슨 협곡을 감상하는 것이다. 출발과 동시에 승객들의 비명소리가 터져 나올 정도로 아찔한 경사를 내려가게 된다. 이 레일웨이는 1880년대에 협곡 아래 탄광에서 일하는 광부들과 석탄을 실어 나르기 위해 설치되었던 것이다.

　블루마운틴에서 관광객들이 주로 찾는 곳은 카툼바 지역의 에코 포인트(Echo Point)이다. 비슷한 모습을 한 세 개의 사암 바위가 융기한 세 자매봉을 비롯한 블루마운틴의 절경을 감상할 수 있으며, 울창한 산림 속을 트래킹할 수도 있다.

2) 포트스티븐스

포트스테판

뉴사우스웨일스 주의 항구도시로 시드니에서 북동쪽으로 약 200km 정도 떨어진 곳에 위치하였다. 26개의 해변이 40km 정도되며, 바다가 인접한 곳에 모래 사막 지대가 형성되어 있다. 바다에서는 돌핀 크루즈를 즐길 수 있으며, 경사 각도가 약 60~70도에 이르는 25m 길이의 모래 언덕에서 썰매를 즐길 수도 있다.

2

뉴질랜드

오클랜드

로토루아

테즈먼해

웰링턴

크라이스트처치
마운트 쿡

뉴질랜드
(New Zealand)

밀포드
사운드

퀸스타운

태평양

1 국가 개요

1) 개 요

정식국명	뉴질랜드(New Zealand)
수　도	웰링턴
언　어	영어
민　족	유럽인, 아시아인, 마오리족, 기타
정치체제	입헌군주제, 의원내각제
1인 GDP	$41,108 / 세계 20위(2017년 / IMF 기준)
빅맥지수	$4.43
위　치	남태평양 오스트레일리아 남동쪽
면　적	267,710km²/세계 76위(CIA 기준)
기　후	해양성 기후
인　구	약 4,510,327명 / 세계 126위(2017년 / CIA 기준)
종　교	개신교, 가톨릭
통화·환율	뉴질랜드달러(NZD), 1NZD = 790원(2017년 10월 기준)
시　차	GMT+12 ~ GMT+13
비행시간	인천 → 오클랜드(약 11시간 10분)

2) 지리적 특성

　호주의 동남쪽에 위치한 뉴질랜드는 지형이 험준하고 화산지대가 많다. 국토의 약 52%는 농경지 및 목장이고 약 29%는 삼림이며, 나머지는 경지이다. 환태평양 조산대에 있어서 지진이 자주 발생하는 것이 특징이다.

3) 기후

남북으로 길게 뻗어 있고, 편서풍대에 속하는 뉴질랜드는 해양성 기후를 보이며, 서쪽은 강수량이 많은 반면에 동쪽은 건조한 날씨를 보인다. 여름과 겨울의 기온 차이가 심하지 않은 것이 특징이다.

웰링턴

요소＼월별	1월	2월	3월	4월	5월	6월	7월	8월	9월	10월	11월	12월
최저기온 (℃)	14.4	14.3	13.5	11.3	9.1	7.3	6.4	6.9	8.3	9.7	11.3	13.2
최고기온 (℃)	21.3	21.1	19.8	17.3	14.8	12.8	12	12.7	14.2	15.9	17.8	19.6
강수량 (mm)	67	48.4	76.1	86.8	99.3	113.4	110.8	106	81.6	80.8	73.8	74.1

4) 문화

음식

뉴질랜드도 호주와 마찬가지로 육류 음식이 발달하여 양고기, 사슴고기, 소고기를 이용한 음식들이 많이 있다. 또한 풍부한 해산물을 이용한 음식도 많이 있으며, 유럽 음식 문화의 영향을 많이 받았다. 대표적인 음식으로는 지열을 이용하여 고기와 각종 야채를 익혀서 먹는 '항이'라는 마오리족 전통 음식이 있다.

축제

뉴질랜드에는 다양한 축제들이 있는데, 대표적인 축제로는 6~7월 사이 웰링턴, 더니든을 중심으로 약 한 달 동안 열리는 마오리족의 전통 민속 축제인 마타리키 축제가 있고, 뉴질랜드 북섬 뉴플리머스에서 열리는 TBS뱅크전등 축제, 남섬 크라이스트처치에서 열리는 거리 공연 축제인 세계 버스터스 축제가 대표적인 축제이다.

마타리키 축제 : '마타리키'는 마오리어로 황소자리에 속한 플레이아데스 성단을 의미하는데, 5월 말에서 6월 초에 오클랜드를 기준으로 북동쪽 하늘에 플레이아데스 성단이 나타나면 마오리족은 새로운 해가 시작되는 것으로 알고 친지들이 모두 모여 새해를 맞이하였음. 또한 한 해 동안 농작물을 풍성하게 수확할 수 있도록 도와준 자연에 감사하는 추수감사절과 비슷한 행사. 축제기간에는 마오리 전통문화 체험, 공예, 연날리기, 마오리 음식 만들기 등 다양한 행사를 개최.

TBS뱅크전등 축제 : 1953년 영국의 엘리자베스 2세 즉위 때 뉴질랜드 북섬 타라나키 지방자치지역의 주도(主都) 뉴플리머스의 중심가에 위치한 푸케쿠라 공원의 호수에 전등을 밝혀 축하한 데서 비롯된 전등 축제. 공식적으로 1993년부터 매년 12월 중순에서 2월 중순까지 8주간 푸케쿠라 공원에서 길이 5km의 전선에 설치된 전등과 세계 각지에서 참가한 예술 팀들의 무대 공연 등이 열림.

세계 버스터스 축제 : 1994년에 처음 시작되어 매년 1월에 11일간 뉴질랜드 남섬에 위치한크라이스트처치 시내에서 개최. 코미디, 쇼, 곡예, 저글링, 서커스, 음악회 등 다양한 거리 공연을 볼 수 있음.

5) 여행 정보

화 폐

뉴질랜드 화폐는 뉴질랜드달러(NZD)라고 하며, 지폐로는 5뉴질랜드달러, 10뉴질랜드달러, 20뉴질랜드달러, 50뉴질랜드달러, 100뉴질랜드달러가 있고, 동전으로는 2뉴질랜드달러, 1뉴질랜드달러, 50센트, 20센트, 10센트가 있다.

전압 및 콘센트

뉴질랜드의 전압은 230~240V, 50Hz이며, 콘센트는 우리와 모양이 다르므로 한국의 전자제품을 사용할 경우 별도의 어댑터를 가져가야 한다.

2 관광지 정보

오클랜드

1) 오클랜드

뉴질랜드하면 수도인 웰링턴보다 먼저 떠오르는 도시가 바로 뉴질랜드 북섬의 관문인 오클랜드이다. 인구는 35만 명에 육박하고, 오클랜드 도시권 인

구는 100만 명에 달하며, 영국이 정식으로 뉴질랜드를 지배하게 된 1840년부터 뉴질랜드의 수도였다가 1865년 웰링턴으로 수도가 옮겨진 후에는 뉴질랜드 경제와 문화의 중심지 역할을 하고 있다. 지리적으로 위치가 좋고 기후가 온난하여 태평양에서의 항공 및 해상 교통의 중심지가 되었다.

❶ 미션베이

푸른 남태평양의 바다를 만끽할 수 있는 곳으로 많은 사람들이 해양 스포츠를 즐기기 위해 모여드는 곳이다. 세일링 보트와 카약을 즐기는 모습을 쉽게 구경할 수 있으며, 특히 수많은 요트들이 정박되어 있어서 볼거리를 제공하고 있다.

❷ 에덴동산

오클랜드 도심 속에서 자연을 즐길 수 있는 에덴동산은 산정에서 오클랜드 시내를 조망할 수 있으며, 사화산의 흔적인 분화구 주변에서 젖소와 양떼들이 한가롭게 풀을 뜯고 있는 풍경을 볼 수도 있다.

2) 로토루아

원주민인 마오리족의 문화가 가장 잘 보존되어 있는 곳으로 오클랜드의 남동쪽 230km 정도에 위치하고 있다. 로토루아는 마오리족의 언어로 Roto는 호수, Rua는 두 번째를 의미하는 합성어이며, 두 번째로 위대한 호수를 뜻한다. 도시의 면적은 2,614.9km², 인구는 7만 명에 이른다.

로토루아는 화산 지대로 부글부글 거품을 내며 끓어오르는 진흙, 손에 화상을 입을 정도로 뜨거운 간헐천, 온천 등이 유명한데, 로토루아에서 처음으로 느끼게 되는 것은 진한 유황 냄새일 정도이다.

로토루아

❶ 아그로돔

뉴질랜드 북섬의 로토루아 시티 센터에서 차량으로 10분 거리에 위치한 농장이다. 넓게 펼쳐진 초원과 19종의 양들을 비롯한 다양한 동물들이 있으며, 양떼들을 모는 양몰이 개들이 펼치는 양몰이 쇼와 양털 깎기 쇼 등 재미난 팜 쇼(farm show)가 공연되며, 동물들에게 먹이를 주고 실제 농장생활을 체험하는 팜 투어(farm tour) 프로그램도 있다.

❷ 레인보우 스프링스

울창한 숲과 숲 사이로 보이는 푸른 하늘 그리고 맑은 공기, 중앙에 있는 호수에는 무지개 송어들이 떼를 지어 다니고 있다. 또한 각종 희귀 조류와 뉴질랜드에서 자주 볼 수 있는 '웨카'라는 조류 등을 볼 수 있다. SBS에서 방영된 '정글의 법칙' 촬영장소이며, 어린이들을 위한 야외 놀이터와 출구에는 조그마한 기념품 가게가 있다.

❸ 스카이라인 곤돌라

로토루아 시내에서 차량으로 10분 거리에 있는 스카이라인 곤돌라를 5분 정도 탑승하면 로토루아 호수 서쪽에 있는 해발 900m의 농고타 산 정상 전망대에 올라가 로토루아의 경치를 감상할 수 있다. 정상에는 전망대 외에도 음식점, 카페, 기념품점 등 편의시설이 있다. 음식점에는 김치와 된장국, 카레까지 판매하고 있어 한국 사람들에게 인기가 높다.

❹ 폴리네시안 스파

26개의 뜨거운 광천수 풀이 있으며, 대부분 로토루아 호수를 감상하며 스파를 즐길 수 있다. 온천 풀에 따라 약산성과 약알칼리성의 온천수가 있으며, 호수 스파, 성인용 풀과 스파, 가족용 스파, 개인전용 스파 등이 있다.

❺ 로토루아 호수

뉴질랜드 북섬 로토루아의 북쪽에 있는 호수로 면적은 7,878ha에 이르며, 평균 수심은 11m 정도 된다. 이 호수는 타우포 화산지대의 화산 활동으로 형성되어 유황의 함유량이 높아 호수 물의 색깔이 노란빛을 띠는 녹색으로 보인다. 뉴질랜드 북섬에서 표면적이 두 번째로 큰 호수이다.

3) 퀸스타운

1862년 퀸스타운 인근의 애로우 타운에서 사금이 발견되면서 개발이 시작된 퀸스타운은 뉴질랜드 남섬의 남쪽 끝부분에 위치한 오타고 주의 아름다운 소도시이다. 면적은 8,704km², 인구는 3만 명 정도 된다. 현재는 밀포드 사운드 연계 관광과 와카티푸 호 관광 및 '어드벤처의 천국'이라는 별칭답게 캐니언 스윙, 급류타기, 다이빙 포인트까지 경비행기로 올라가 상공 4,500m에서 수직 하강하는 스카이다이빙, 패러글라이딩, 좁고 급류가 심한 숏오버 강(Shotover river)에서 즐기는 제트보트 등 다양한 스포츠를 즐길 수 있으며, 네 곳

Global Tour

퀸스타운

의 번지점프대가 있어서 아찔한 번지점프도 즐길 수 있다. 또한 겨울철에는 코로넷픽 스키장과 리마커블스 스키장 등이 있어서 스키를 즐길 수도 있다.

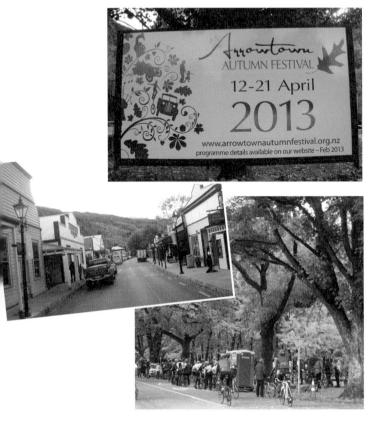

❶ 애로우 타운

퀸스타운에서 20km의 거리로 차량으로 25분 정도면 도착할 수 있기 때문에 퀸스타운 방문자들이 자주 찾는 명소이다. 이곳은 역사적인 유산이 잘 보존되어 있는 마을로 19세기 골드러시 당시의 건물을 그대로 사용하고 있어 옛 금광촌의 정취를 고스란히 느낄 수 있으며, 당시의 영광을 재현해 놓은 레이크 디스트릭트 박물관(Lake District Museum)에서는 애로우 타운의 역사와 당시의 생활상을 볼 수 있다.

중심가인 버킹엄 스트리트를 따라 100여 년이 넘은 고풍스런 건물들이 늘어서 있고, 고급 레스토랑과 카페, 쇼핑이 가능한 상점들이 있다.

❷ 번지점프 브리지

퀸스타운은 번지점프의 발상지로 총 4곳의 번지점프대가 있지만 가장 유명한 곳은 1988년 '해켓(A. J. Hackett)'에 의해 세계 최초로 번지점프가 상업화되었던 곳인 43m 높이의 '카와라우(Kawarau) 다리'이다. 강을 향해 번지점프를 하는 사람들과 번지점프를 구경하기 위해 모여드는 사람들로 항상 북적대는 곳이다.

❸ 와카티푸 호수

　타우포 호수, 로토루아 호수에 이어 뉴질랜드에서 세 번째로 큰 호수이다. 이곳에서 가장 유명한 것은 12m 높이의 빨간 굴뚝과 하얀 선체가 조화를 이루며, 1912 년부터 현재까지 100여 년이 넘은 클래식한 모습의 증기선 'TSS 언슬로우호' 이다. 언슬로우호는 '호수의 귀부인'이라는 뜻으로 퀸스타운의 상징적인 존재 이며, 거장 스티븐 스필버그 감독의 '인디아나 존스: 크리스털 해골의 왕국'에 나왔던 적이 있다. 지구 남반구에 마지막 남은 증기선이다.

❹ 스카이라인 곤돌라

　퀸스타운을 제대로 보기 위해서는 스카이라인 곤돌라를 타보는 것이 좋다. 울창한 산과 와카티푸 호수, 드넓은 평원에서 양떼들이 한가로이 풀을 뜯는 광경, 골프장, 아기자기해 보이는 마을 등 퀸스타운 전체를 한눈에 조망할 수 있다. 내리막길에서는 봅슬레이를 개조해 만든 루지를 타고 쏜살같이 질주해 보는 것도 좋다.

4) 밀포드 사운드

밀포드사운드

뉴질랜드 남섬의 남서부 끝부분에 위치하며, 퀸스타운에서 300km 정도 떨어져 있어 차량을 이용하여 약 5시간 정도 소요되는 곳에 위치한 피오르드 랜드 국립공원 내의 피오르드이다.

퀸스타운에서 밀포드 사운드로 가는 길은 1877년 도날드 서덜랜드라는 탐험가에 의해 처음 발견되었으며, 지금도 2차선의 구불구불하고 중간에 산에 가로막혀 터널을 통과해야 돼서 거리에 비해 많은 시간이 소요되지만 길 양쪽에 늘어선 가로수와 수많은 양떼 등 경이로운 풍경에 긴 시간이지만 지루하지 않게 느껴진다. 겨울철에 눈이 많이 오면 이 길은 자주 폐쇄되어 갈 수가 없을 경우가 많다. 한국에는 영화 '반지의 제왕' 촬영지로 잘 알려져 있다.

 호머 터널

밀포드 사운드를 가기 위해서는 반드시 거쳐야 되는 터널로 1935년에 공사를 착공하여 1953년에 개통되었다. 단단한 화강암을 다이너마이트로 폭발하고 망치와 정을 사용하여 깎아 터널을 뚫었으며, 18년의 공사기간 동안 여러 명의 인부들이 목숨을 잃었을 정도로 매우 험난한 공사였다고 한다. 호머 산 등성이에 터널을 뚫어 퀸스타운과 테아나우 및 밀포드 사운드를 연결시켰다. 총 길이는 1,270m이며, 동쪽 출구 끝은 945m 높이에 있어서 서쪽 끝으로 내리막길의 경사로이다. 이곳에서 바라보는 터널 주위의 암석지대와 산세가 아름다워 잠시 내려 사진을 촬영하는 곳이다.

❷ **거울 호수**

밀포드 사운드 길목에 있는 빙하가 만들어 낸 작은 호수로 호수 면에 비친 만년설이 쌓인 산의 모습이 실제라고 여겨질 정도로 맑은 호수이다. 위와 아래가 대칭으로 이루어져 완벽한 데칼코마니를 연출하며, 호수를 통해 아름다운 자연경관을 거꾸로 보는 신비로움과 즐거움을 만끽할 수 있다. 호수가 거

울과 같이 투명하여 호수에 비친 주변의 풍경이 실제 풍경과 똑같이 비쳐서 거울 호수라고 부르며, 물속의 이끼가 호수의 유해물질을 빨아들여서 수면이 거울처럼 투명하게 보인다고 한다.

❸ 밀포드 사운드 크루즈

배를 타고 약 12,000여 년 전 엄청난 크기의 빙하가 바다로 흘러내리면서 주위의 산들이 깎여 형성된 피오르드 지형과 절벽마다 빙하가 녹아 흘러내려 만들어 낸 수백 개의 폭포, 폭포 아래에서 여유롭게 목욕을 즐기는 돌고래, 물개, 펭귄 등을 볼 수 있다. 자연적인 아름다움은 남반구 피오르드 중에 최고이며, 노르웨이의 송네 피오르드와 함께 보기 드문 세계적인 관광지이다. 특히 150m의 높이에서 떨어지는 스털링 폭포의 물 포탄을 받는 즐거움을 만끽할 수 있다.

5) 마운트 쿡

뉴질랜드 남섬의 알프스라고 불리는 마운트 쿡은 크라이스트처치가 포함된 캔터베리 지방의 남단에 위치한 마운트 쿡 국립공원 지역에서 가장 높은 산을 말하며, 크라이스트처치와 퀸스타운의 사이에 위치하고 있다. 정식 명칭은 '아오라키 마운트 쿡'으로 '아오라키'는 마오리어로 '구름 봉우리'를 의미하는데, 산이 매우 높아서 항상 꼭대기는 구름에 덮여 있어서 유래한 이름이며, '쿡'은 뉴질랜드를 탐험한 영국 해군 장교 '제임스 쿡'의 이름에서 유래되었다. 마운트 쿡 국립공원 내에는 해발 3,000m 이상의 봉우리가 27개나 있는데, 그중에서 가장 높은 마운트 쿡은 예전에는 고도가 3,764m이었으나 산 정상의 빙산이 붕괴되어 2013년 3,724미터로 측정되었다. 국립공원 전체 면적의 1/3이 만년설과 빙하로 뒤덮여 있고, 빙하가 녹아 흘러내려 남섬 최대의 호수인 데카포 호수 등을 만들었다.

마운트쿡

❶ 푸카키 호수

크라이스트처치에서 마운트 쿡에 거의 다다르면 타원형의 산간 분지인 맥켄지 분지의 북단을 따라 남북으로 뻗어 있는 세 개의 빙하 호수가 나타나는데, 세 개 호수의 수면은 해발 500m를 넘는 곳에 위치하고 있으며, 푸카키 호수는 그중에서 두 번째로 큰 호수이다. 호수는 빙하와 빙하에 섞여 있는 극도로 미세한 석회암 입자가 유입되어 표현할 단어가 없을 것 같은 특유의 푸른색을 띠고 있다.

② 데카포 호수

맥켄지 분지의 세 개 호수 중에서 가장 큰 호수이다. 멀리 보이는 만년설과 특유의 푸른빛의 호수로 경치가 매우 아름다운 곳이다. 주위에는 만년설과 호수의 아름다움을 배경으로 1935년 세워져 뉴질랜드 개척기부터 이용되던 선한 목자의 교회가 위치하고 있으며, 바로 옆에는 양몰이 개의 동상이 늠름하게 자리하고 있다.

6) 크라이스트처치

크라이스트처치

남섬의 관문으로 남섬의 북동 연안에 있는 캔터베리 대평원의 중앙에 위치한 뉴질랜드 3대 도시이자 남섬 최대 도시로 면적은 1,426km², 인구는 40만 명을 넘는다. 1850년 영국에서 건너온 이주자들이 개척한 유서 깊은 도시로 중후한 영국적인 분위기를 자아내며, 도시의 1/3 정도가 녹지로 깨끗하고 아름다운 정원도시이다.

① 크라이스트처치 대성당

크라이스트처치 대성당은 크라이스트처치 시내에 위치한 영국 성공회의 교회로 도시의 상징적인 건물이다. 19세기 후반에 세워졌는데, 성당의 첨탑은 고딕 양식으로 63m 높이로 하늘로 치솟아 있으며, 133개의 계단을 올라가면 전망대가 있다.

❷ 헤글리 공원

크라이스트처치의 상징인 대성당 인근의 에이번 강가에 조성된 공원이다. 182m²의 어마어마한 크기 때문에 크라이스트처치가 더욱 정원의 도시로 느껴지게 만든다. 특히 공원의 보타닉 가든에는 항상 아름다운 꽃들이 만발하여 주민들의 휴식공간이며, 여행객이 자주 찾는 명소이다.

참·고·문·헌

기상청, http://www.kma.go.kr

고종원(2012), 세계관광, 대왕사

규슈 100배 즐기기(2015), 알에이치코리아

김시중·이복희(2010), 세계관광과 문화, 대왕사

미래서비스아카데미(2014), 글로벌매너, 새로미

박상미(2014), 맵 & 가이드 보라카이, 맵앤가이드

박상미(2014), 맵 & 가이드 세부, 맵앤가이드

세계여행사전: 일생에 한번은 가고 싶은 여행지(2014), 내셔널지오그래픽

세계여행사전: 일생에 한번은 맛보고 싶은 음식 여행(2014), 내셔널지오그래픽

신우성(2012), 세계관광과 문화, 대왕사

오빛나(2015), 잠시멈춤 세계여행, 중앙M&B

우문호, 엄원대, 김경환, 권상일, 우기호 외(2006), 글로벌시대의 음식과 문화, 학문사

윤병국·이승곤·박상환·이혁진(2014), 세계관광지와 문화의 이해, 새로미

윤세환·박형순·조규태·이병열·손지숙(2011), 관광지리자원론, 한올출판사

이현동(2011), 국제문화와 여행, 한올출판사

저스트고 미국동부(2013), 시공사

저스트고 미국서부(2011), 시공사

저스트고 중국(2010), 시공사

저스트고 호주(2015), 시공사

정꽃나래(2015), 런던여행백서, 나무자전거

정승원(2015), 파리 홀리데이, 꿈의지도

최철호(2015), 저스트고 유럽, 시공사

하와이관광청 한국사무소(2015), 하와이가이드북, 에이지커뮤니케이션즈

핵심 유럽 100배 즐기기(2009), 랜덤하우스코리아

Kerry Lee, Jinmi Kim, Vikki Jisook H Cramer(2012), 하와이에 반하다, 혜지원

기상청, http://www.kma.go.kr

네이버 지식백과, http://terms.naver.com

노랑풍선, http://www.ybtour.co.kr

뉴질랜드 관광청, http://www.newzealand.com/kr

대한무역투자진흥공사, http://www.kotra.or.kr

대한항공 여행정보, http://travel.koreanair.com

독일 관광청, http://www.germany.travel

두산백과, http://www.doopedia.co.kr

롯데관광, http://www.lottetour.com
모두투어, http://www.modetour.co.kr
빅토리아 주 관광청, http://kr.visitmelbourne.com
세계여행신문, http://www.gtn.co.kr
스위스 관광청, http://www.myswitzerland.com
슬로바키아 관광청, http://www.sacr.sk
시공사, http://www.sigongsa.com
싱가포르 관광청, http://www.yoursingapore.com
아시아나항공, http://www.flyasiana.com
여행박사, http://www.tourbaksa.com
영국 관광청, http://www.visitbritain.com
오스트리아 관광청, http://www.austria.info
온누리투어, http://www.onnuritour.com
외교부, http://www.mofa.go.kr
위키백과, http://ko.wikipedia.org
유네스코 세계문화유산, http://whc.unesco.org
유네스코 한국위원회, http://heritage.unesco.or.kr
이코노미스트, http://www.economist.com
주한 캐나다 관광청, http://kr-keepexploring.canada.travel
체코 관광청, http://www.czechtourism.com/home
캄보디아 관광청, http://www.tourismcambodia.org
캘리포니아 관광청 한국사무소, www.visitcalifornia.co.kr
퀸즈랜드 관광청, http://www.queensland.com/?sc_lang=ko-KR
태국 관광청 한국사무소, http://www.visitthailand.or.kr
트래블커뮤니티, http://www.wellbeinghawaii.com
프랑스 관광청 한국사무소, http://kr.rendezvousenfrance.com
필리핀 관광청 한국사무소, http://www.7107.co.kr
하나투어, http://www.hanatour.com
하와이관광청, http://www.gohawaii.com/kr
한국교육방송공사, http://www.ebs.co.kr
한국콘텐츠진흥원, http://www.kocca.kr
해피허니문클럽, http://www.happyhoneymoonclub.com
허니문리조트, http://www.honeymoonresort.co.kr
헝가리 관광청, http://itthon.hu
호주 관광청, http://www.australia.com/ko-kr
CIA: THE WORLD FACTBOOK, https://www.cia.gov
IMF, http://www.imf.org

저자 소개

이 병 열 ⎯⎯⎯⎯⎯⎯⎯⎯⎯⎯⎯⎯⎯⎯⎯⎯⎯○

학사, 석사과정에서 관광경영학을 전공하였으며 박사과정에서 경영학을 전공하였다. 여행업에서 13년간 근무하면서 여행상품 기획과 수배, 마케팅, 영업, TC업무 등을 담당하였다. 현재 인덕대학교 관광서비스경영학과에서 13년째 재직 중이다.

천 덕 희 ⎯⎯⎯⎯⎯⎯⎯⎯⎯⎯⎯⎯⎯⎯⎯⎯⎯○

학사, 석사, 박사과정에서 관광경영학을 전공하였으며 15년간 국내 유명 여행사의 해외 패키지 사업부에서 여행상품 기획과 수배, 마케팅, 항공관리 업무를 담당하였다. 현재 11년째 여행사를 경영하고 있으며 순천향대학교와 인덕대학교에서 겸임교수로 재직 중이다.

윤 세 환 ⎯⎯⎯⎯⎯⎯⎯⎯⎯⎯⎯⎯⎯⎯⎯⎯⎯○

학사, 석사, 박사과정에서 관광경영학을 전공하였으며 부산경상대에서 10년 간 재직 하였다. 문화체육관광부 장관 표창을 받았고 (사)한국관광학회 부회장을 역임하였다. 현재 신안산대학교 국제관광경영과에서 19년째 재직 중이다.

이 은 민 ⎯⎯⎯⎯⎯⎯⎯⎯⎯⎯⎯⎯⎯⎯⎯⎯⎯○

학사과정에서 관광경영을 전공하였고 석사과정에서 경영학을 전공하였다. 국내 유명 여행사 및 공공기관에 근무하면서 여행상품 기획, 영업, 마케팅 업무 등 다양한 여행 업무를 담당하였다. 현재 (사)한국여행서비스교육협회 사무차장 및 한림성심대학교 겸임교수, 인덕대학교 외래교수로 재직 중이다.

세계
관광과 문화
Global Tourist Attraction & Culture

초판 1쇄 발행 2016년 1월 20일
2판 1쇄 발행 2018년 1월 10일
2판 3쇄 발행 2024년 2월 20일

지은이   이병열 · 천덕희 · 윤세환 · 이은민
펴낸이   임 순 재

펴낸곳   (주) 한올출판사
등 록   제11-403호
주 소   서울특별시 마포구 성산동 133-3 한올빌딩 3층
전 화   (02)376-4298(대표)
팩 스   (02)302-8073
홈페이지 www.hanol.co.kr
e-메일   hanol@hanol.co.kr

ISBN   979-11-5685-618-4